Charles Hobb

ORGANISEZ VOTRE TEMPS, MAÎTRISEZ VOTRE VIE

Découvrez le système révolutionnaire
de gestion du temps qui peut changer
votre vie professionnelle et privée

Traduit de l'américain
par Annie Hamel

BUSINESSMAN/FIRST

70, rue d'Assas, 75006 PARIS
Tél : 45.44.88.88
ISBN 2-87691-025-X

A Nola, mon épouse bien-aimée,
mon lien le plus sûr avec le temps
depuis plus de trente ans.

NOTE DE L'ÉDITEUR

Le Système de Maîtrise du Temps exposé dans ce livre s'appuie sur l'utilisation d'un agenda-classeur du type de ceux que l'on trouve dans le commerce, sous les marques *Filofax, Memonizer, Exa-Time, Day-Runner,* etc.

En accord avec Charles Hobbs, auteur américain de ce livre, nous avons choisi de préconiser le système de classement commercialisé par la société Time Manager International. Ainsi, la plupart des exemples figurant dans ce livre ont été réalisés à partir des fiches *Time Manager* *.

S'agissant uniquement d'exemples destinés à illustrer le propos du livre, le lecteur est cependant libre de faire porter son choix sur tout autre marque d'agenda-classeur, à partir de laquelle il pourra tout aussi valablement mettre en pratique les conseils et les méthodes exposés dans ce livre.

Plus que le choix d'une marque donnée (ici *Time Manager*), c'est la philosophie et les techniques originales de gestion du temps développées dans ce livre qui permettront au lecteur d'organiser efficacement son temps et de maîtriser sa vie professionnelle et privée.

L'Éditeur

* *Time Manager International*
82, rue d'Hauteville 75010 Paris
Tél : 48.24.76.76

INTRODUCTION

Quand vous aurez pris en main votre temps, vous aurez pris en main votre vie. Ce livre va vous montrer comment. Le Système de Maîtrise du Temps, présenté par Charles Hobbs, vous apprend à associer vie privée et vie professionnelle, et vous aide à faire les bons choix pour employer votre temps le plus efficacement possible. Ce livre vous apprend à vous intéresser au vital – ce que vous devriez faire pour remplir vos objectifs –, et à évaluer l'urgent – ce qui nécessite tout de suite toute votre attention sans être pour autant vital.

Ce livre, en vous enseignant les bonnes méthodes, vous donne les moyens de définir vos objectifs, et les moyens de les réaliser. Vous apprendrez à diagnostiquer vos pertes de temps; vous apprendrez à vous concentrer, à vous consacrer entièrement à la réalisation de vos objectifs.

Le Système de Maîtrise du Temps vous apprend à mettre la théorie en pratique grâce à un simple agenda-classeur pour organiser les événements de votre vie professionnelle et privée. Le secret : on s'organise plus astucieusement, on ne travaille pas plus dur. Ce système a été testé et a fait ses preuves. Des milliers de personnes, dont bon nombre d'hommes d'affaires, se sont initiées au Système de Maîtrise du Temps à l'occasion de centaines de séminaires dirigés par Charles Hobbs. Et maintenant, voici pour vous, les secrets de ce Système.

1.

FAIRE LES BONS CHOIX ET PRENDRE LES CHOSES EN MAIN

Vous arrive-t-il parfois d'avoir le sentiment euphorique de tenir le monde entier dans le creux de votre main ? C'est exactement le genre de sensation que vous aimeriez pouvoir éprouver bien plus souvent. Vous vous sentez ainsi lorsque vous avez un contrôle maximal sur les événements de votre vie; lorsque vous détenez le pouvoir suprême sur vos actions et sur vos relations avec les autres. Plus votre capacité à contrôler les événements est grande, plus ces moments d'euphorie sont nombreux.

Bien sûr, vous ne pouvez pas contrôler tous les événements de votre vie, vous ne pouvez pas contrôler tout ce qui se passe autour de vous; mais il y a bien une chose que vous ne devez jamais perdre de vue : vous avez des choix à faire, et vous pouvez apprendre à être responsable. L'une des joyeuses manifestations d'une attitude responsable est un fort quotient d'amour-propre. Et au fur et à mesure que votre contrôle sur les événements de votre vie augmente, votre amour-propre se renforce. Les pages qui suivent vous donnent les recettes et les conseils qui vous permettront d'atteindre, grâce à une productivité personnelle, un fort quotient d'amour-propre. Vous trouverez dans ce livre des idées qui, une fois mises en pratique, vous donneront les moyens de faire les bons choix. Comme vous le verrez, ces idées s'appliquent aussi à votre vie personnelle. Le Système de Maîtrise du Temps, exposé dans ce livre, ne s'intéresse pas à vous dans le cadre de la semaine ouvrable de trente-neuf heures, mais dans le cadre d'une semaine complète de cent soixante-huit heures, de cinquante-deux semaines par an, dans la perspective d'une vie tout entière.

Ce livre a pour but d'aider les personnes qui gèrent mal leur temps à être plus efficaces, et aider ceux qui le gèrent bien à le faire encore mieux, et, pourquoi pas, les aider à être parmi les meilleurs dans leur domaine. Chacun, à un moment ou à un autre de sa vie, fait partie des meilleurs. J'en suis persuadé. Mais vous pouvez bien être aussi génial que vous voudrez, une chose est sûre : vous pouvez faire encore mieux. Pour paraphraser l'expression du biologiste anglais Thomas Huxley, le Système de Maîtrise du Temps vous aide à faire ce que vous devez faire comme vous devez le faire et au moment où vous devez le faire.

Le Système de Maîtrise du Temps vous rend encore plus conscient de l'importance d'une gestion plus efficace de votre temps. Il vous aide à gagner des heures chaque semaine. Il met à votre disposition la base adéquate, la base rationnelle qui va vous permettre d'atteindre vos objectifs. Il vous aide à arriver à l'heure à vos réunions, il vous aide à balayer les futilités et à isoler en un clin d'œil les informations nécessaires. Et, plus important encore, il vous aide à accomplir vos priorités les plus vitales. Mais le plus satisfaisant de tout, c'est encore un regain d'amour-propre. Ceci ne signifie pas bien sûr que vous n'aurez plus jamais à faire face à des situations délicates. La vie réserve parfois quelques mauvaises surprises, même à ceux qui gèrent au mieux leur temps; mais ceux-là justement sont mieux armés que d'autres, tout simplement parce qu'ils maîtrisent la situation.

Le Système de Maîtrise du Temps repose sur trois concepts clé.

Premièrement : *la gestion du temps est l'acte par lequel on contrôle les événements.*

Depuis des siècles, les philosophes associent temps et événements. Saint Augustin, Kant, et Leibnitz entre autres, ont décrit le temps à travers les événements. Einstein a même émis une hypothèse selon laquelle le temps est indissociable des événements grâce auxquels nous le mesurons. Par conséquent, le temps peut être défini comme une succession d'événements.

Gérer, c'est contrôler. Si vous parvenez à avoir le contrôle adéquat sur les événements adéquats, vous gérez bien votre temps. Et si vous voulez vraiment avoir un contrôle adéquat, vous devez comprendre la nature des événements qui se produisent autour de vous.

Les événements de votre journée sont comme autant de musiciens dans un orchestre symphonique; et vous, vous êtes le chef d'orchestre. Vous voilà debout sur votre estrade, face à l'orchestre; et lorsque vous baissez les bras, tout le monde joue à l'unisson, exécutant le morceau en respectant scrupuleusement la partition. Les choses se passent-elles comme ça pour vous? Vous élevez le bras bien au-dessus de votre tête, vous donnez le signal du crescendo et les musiciens se donnent à fond. Est-ce là une bonne description de votre journée? Peut-être pas. Au bout du compte, vous donnez le signal de la pause, et tout le monde va récupérer. Tout le monde part à la fois, chacun dans une direction différente. S'il est bien une chose qui nous caractérise, que nous soyons employés, managers, artisans, c'est bien le fait que nous contrôlons rarement les événements.

Nous n'allons pas parler de la gestion du temps d'un point de vue théorique; mais sur un plan strictement pratique. Nous allons nous intéresser à ce qui se passe pendant votre journée, aux changements que vous pourriez y introduire pour que l'orchestre joue en harmonie.

Le deuxième concept clé du Système de Maîtrise du Temps est que *la congruence entraîne équilibre, harmonie et adéquation entre tous les événements de votre vie.*

Le contraire de la congruence, c'est d'aller au lit alors que vous devriez vous lever. C'est de vous lever alors que vous devriez aller au lit. C'est de rentrer à la maison avec vos problèmes professionnels en tête, et de vous encombrer de vos problèmes familiaux au travail. C'est mélanger des événements incompatibles. Un bourreau de travail cultive tout le contraire de la congruence, il est en total désaccord avec son optique de vie. Vous-même êtes peut-être chef d'entreprise. Votre affaire marche bien, et plus ça marche, plus vous travaillez. Et plus vous travaillez, plus vous gagnez de l'argent. Vous n'arrêtez pas de voir défiler les gros billets; peu à peu, sur ces gros billets se greffe un sentiment d'urgence jusqu'au moment où vous ne voyez plus que ça. Et pendant ce temps, vous oubliez votre famille et vous négligez votre santé, physique comme affective.

Nous avons tous besoin d'un système qui nous apporte l'équilibre entre tout ce que nous entreprenons. Planifier ses objectifs, ça peut effectivement vous aider à approcher la congruence, mais seulement si ce planning part vraiment d'une évaluation honnête, réaliste, de ce que vous êtes et de ce qui vous tient le plus à cœur une évaluation de vos priorités les plus vitales.

Postulat du troisième concept clé : *la concentration du pouvoir, c'est la faculté de faire une mise au point serrée sur vos priorités vitales, et la faculté de les faire aboutir.*

Se concentrer, c'est faire une mise au point serrée sur quelque chose. Le pouvoir, c'est la faculté d'obtenir un résultat. Et la concentration du pouvoir prend deux formes : la première, c'est la faculté de faire une mise au point serrée;

la deuxième, c'est la faculté d'accomplir. Mais faire la mise au point sur quoi ? Et accomplir quoi ? Mais tout simplement vos priorités les plus vitales, vos projets les plus chers. Quand vous avez la faculté de vous concentrer sur vos priorités les plus essentielles et de les mener à bien, votre puissance et votre efficacité sont optimales. La concentration du pouvoir vous arrache au monde des futilités pour vous projeter dans l'arène de l'essentiel. Voilà la base de tout le Système de Maîtrise du Temps.

Votre expérience est faite du passé, du présent, et d'un futur anticipé. Ceux qui gèrent au mieux leur temps tirent les leçons du passé; ils utilisent tout ce qui est bon à utiliser dans le présent; et ils anticipent le futur. J'appelle ceci la théorie de l'anticipation. La théorie de l'anticipation permet de faire le lien entre les objectifs à atteindre et la gestion du temps. Un objectif, c'est un événement anticipé, un événement que vous voulez arriver à contrôler. Lorsque vous vous mettez à gérer votre temps, pensez donc au passé : votre histoire et celle des autres. Portez un jugement honnête sur les conséquences de vos actes passés. Tirez-en consciencieusement des leçons. C'est déjà un pas vers la connaissance. A la lumière de ce savoir, essayez de porter un jugement sur vous; vous au présent. Posez-vous les questions suivantes : Où en suis-je maintenant par rapport au passé ? Que suis-je devenu ? En quoi suis-je bon ? En quoi suis-je mauvais ? Qu'est-ce qui est important pour moi ? Qu'est-ce qui devrait l'être ? Ensuite, anticipez le futur en visualisant des événements – et leurs conséquences –, aussi clairement que possible. Puis, dites-vous ceci : « Si j'en crois mon histoire, et ce que je suis maintenant, je peux peut-être arriver à contrôler quelques-uns de ces événements. Je peux même peut-être, purement et simplement ancrer certains d'entre eux à se réaliser. » Et au moment même où vous vous dites ceci, vous passez à l'étape d'élaboration des objectifs. Lorsque vous vous fixez un objectif, vous faites un effort systématique pour l'atteindre. Et effectivement, avec le temps, vous l'atteignez; et vous vous dites – avec une confiance accrue en vous-même : « Je peux arriver à contrôler les événements. »

Dans la mesure où vous travaillez avec l'idée d'atteindre un objectif, vous donnez à cet objectif une certaine valeur. Vous pouvez lui donner une grande valeur ou une petite. Bien entendu, vous avez plus d'un objectif à la fois; et vous les soupesez, les uns par rapport aux autres, décidant de celui qui a la plus grande valeur à vos yeux, celui qu'il est essentiel d'arriver à contrôler. Et un objectif auquel on donne de la valeur, c'est une priorité. Se donner des priorités, c'est valoriser des objectifs.

A présent, vous voyez que gérer son temps et se fixer des objectifs sont deux choses indissociables. Deux choses qui vont de pair, comme les doigts de la main.

La gestion du temps commence par la concentration du pouvoir qui elle-même commence par la mise en évidence de vos priorités les plus essentielles. J'appellerai *principes unificateurs* les priorités les plus essentielles entre toutes. Un principe unificateur, c'est l'éclat de la vérité, et il faut en faire son guide pour arriver à fixer ses objectifs, pour arriver à vivre. Et je vais vous demander de vous poser la question suivante : « Qu'est-ce qui doit avoir, pour moi, plus d'importance que tout le reste ? » Je vais vous demander de mettre par écrit vos principes unificateurs, et de les classer par ordre d'importance. Je vais alors vous demander de vous juger, de déterminer les domaines dans lesquels vous êtes performant, et d'arriver à harmoniser vos actions avec vos principes unificateurs. Une fois cela fait, vous aurez atteint ce que j'appelle l'auto-unification.

Dans l'auto-unification ne peuvent rentrer en ligne de compte que des choses qui vous sont propres. Vous, dans votre réalité la plus complète. C'est seulement lorsqu'il y a adéquation, entre ce que vous croyez être bien et ce que vous faites réellement, que vous atteignez la plus forte productivité. C'est le point de confluence. Quand vous définissez vos plus grandes priorités dans la vie; ce qui, à vos yeux, a le plus d'importance, vous anticipez les événements. Lorsque vous arrivez à les contrôler, vous éprouvez un très vif sentiment d'amour-propre que vous n'éprouverez dans aucune autre circonstance.

Sur la base de principes unificateurs clairement agencés entre eux, vous construisez un ensemble très solide d'objectifs à long terme. En faisant l'analyse de ces objectifs, en les répartissant en séquences logiques, vous déterminez vos objectifs immédiats. En vous organisant pour réaliser au jour le jour vos objectifs à moyen terme, vous êtes amenés à faire une liste de ce qui doit être fait aujourd'hui, ce qui correspond donc à vos objectifs immédiats. Cela signifie bien qu'il faut penser et s'organiser plus astucieusement, et ne pas travailler plus dur. Organiser son temps, c'est gagner du temps. Investir son temps, c'est gagner du temps. Et j'insiste bien : il faut passer plus de temps à s'organiser. Je vous demande de vous organiser très tôt le matin – en y consacrant quinze à trente minutes, et en utilisant votre agenda personnel ou un agenda-classeur. C'est la première chose à faire en commençant votre journée, juste après vous être habillé. Et je vous conseille de le faire jour après jour; et ce jusqu'à la fin de votre vie.

Mais vous ne pouvez pas faire une bonne liste de vos objectifs du jour si vous n'avez pas une idée très claire de vos objectifs à moyen terme. Et vous ne devriez pas vous occuper d'objectifs intermédiaires importants avant d'avoir mis par écrit, affiné et classé par ordre d'importance vos objectifs à long terme. Et vous ne devriez pas vous intéresser à ces objectifs à long terme, avant d'avoir également mis par écrit, affiné et classé par ordre d'importance vos principes unificateurs. J'appelle cela la *continuité dans l'organisation des objectifs,* et c'est à la base du Système de Maîtrise du Temps. En fait, c'est même ce qui différencie ce Système de Maîtrise du Temps de tout autre système de gestion du temps connu à ce jour.

Le Système de Maîtrise du Temps est le fruit de douze années d'efforts conjoints dans les domaines de la recherche, de l'analyse et de l'enseignement même d'une méthode de gestion de temps. Durant toutes ces années, j'ai affiné ce système en tirant les leçons des réactions des participants, des sessions de perfectionnement/confrontation, et bien d'autres méthodes encore. Les animateurs de mes séminaires et moi-même avons enseigné ce système à des dizaines de milliers de personnes dans presque tous les états des États-Unis, et plusieurs pays d'Europe. Plusieurs des plus grandes entreprises du monde entier, ont tiré des bénéfices de l'adoption du Système de Maîtrise du Temps.

Il y a quelques temps, je suis retourné à Detroit pour rendre visite à une société industrielle. Celle-ci m'avait demandé de diriger pour ses ingénieurs une session de perfectionnement, dix-huit mois après un séminaire sur le Système de Maîtrise du Temps. Il y avait là vingt personnes. Chacun de ceux qui avait consacré quinze à trente minutes, chaque matin, à l'organisation de son temps, s'en sortait très bien; quelques-uns se débrouillaient même mieux maintenant que quelques semaines après la conférence. Une fois de plus, je m'en retournai avec la conclusion suivante : tout ce que nous voyons autour de nous est en éternel changement. Et je pense que l'une des choses les plus excitantes du Système de Maîtrise du Temps, c'est cet éternel changement, cette évolution permanente, cette amélioration permanente.

Lorsqu'on commence à découvrir le Système de Maîtrise du Temps, on doit réfléchir à la manière dont on organisait sa journée dans le passé – on doit se demander si on cherchait bien à obtenir une amélioration permanente. Si vous vous contentez d'extraire de ces chapitres, une ou deux idées seulement, en essayant de les accommoder à tout ce que vous avez fait jusqu'à présent, vous n'allez pas résoudre vos problèmes de gestion du temps. C'est uniquement en appliquant le système de base dans son ensemble, sans oublier ces minutes quotidiennes de solitude consacrées à l'organisation, avec agenda-classeur, que vous remarquerez un changement significatif. Ce n'est vraiment pas difficile à réaliser. Votre réussite dans l'application du Système de Maîtrise du Temps sera fonction de la quantité et de la qualité du temps consacré à vous organiser, et de votre assiduité à utiliser un agenda-classeur. J'ai toujours senti l'importance d'une telle organisation; mais je commence vraiment à croire fermement qu'elle est absolument essentielle à votre succès.

2.

CE QU'IL Y A DERRIÈRE LA GESTION DU TEMPS

Nikola Tesla a aménagé les chutes du Niagara et permis la production d'électricité sur des centaines de kilomètres. En maîtrisant l'électricité, il a ouvert la voie à un système de production de masse. Il a inventé le radar et mis au point le principe de la radio sans fil et de la télécommande. Il a doté le monde du néon et de l'éclairage fluorescent. Il a travaillé à ses inventions en faisant appel, de manière systématique, à son pouvoir de contrôle mental, en ne mettant jamais rien par écrit. Tesla avait la capacité, premièrement, de se concentrer sur ce qui, pour lui, correspondait aux priorités les plus essentielles, et deuxièmement, de les faire aboutir.

Thomas Edison, en revanche, était homme à prendre des notes, il était l'homme des essais et des erreurs. Alors que Tesla travaillait tout seul, et avec succès, Edison travaillait en collaboration avec d'autres grands esprits. C'est ainsi qu'il nous a donné, non seulement l'ampoule électrique toute bête, mais aussi le phonographe, la caméra, le projecteur de cinéma et des centaines d'autres inventions tout aussi remarquables. Lui aussi, tout comme Tesla, avait la faculté de se concentrer sur ce qui, pour lui, correspondait aux priorités les plus essentielles et les plus pertinentes; et il a fait fructifier ces priorités. Tesla et Edison, dont les méthodes étaient à des années-lumière, jouissaient tous deux de la concentration du pouvoir.

En tant qu'inventeur dans le secteur de la photographie, George Eastman possédait également cette concentration du pouvoir. Grâce à son génie, l'appareil lourd, compliqué, utilisé jusqu'alors en photographie, se trouva réduit aux dimensions du petit Kodak. La caméra mise au point par Thomas Edison en 1889, s'est inspirée du Kodak inventé par Eastman un an avant. L'amélioration apportée par Eastman à la pellicule photographique a été particulièrement précieuse à Edison. Et Eastman, qui venait juste d'inventer la pellicule transparente, en fabriqua un prototype pour le nouveau projecteur d'Edison. Ses recherches sur le processus d'émulsion ont été à la base des films et des excellentes photographies que nous apprécions aujourd'hui.

Pourtant, Eastman possédait une chose qui manquait à Tesla comme à Edison : la concentration du pouvoir, non seulement en tant qu'inventeur, mais également en tant que businessman. Et d'ailleurs, il a fait fortune avec ses inventions. Tesla, lui, était un piètre businessman. Edison est mort en homme aisé; mais il n'avait pas eu le génie d'Eastman qui lui aurait permis de faire réellement fortune avec ses idées. Aujourd'hui, la conséquence, dans le monde des affaires, de la concentration du pouvoir d'Eastman, c'est une entreprise prospère, fabriquant plus de trente mille produits, et se taillant encore la part du lion dans le marché du film et des appareils photographiques à prix réduits.

D'autres figures historiques possédaient également cette concentration du pouvoir. Ludwig Van Beethoven a composé neuf symphonies, trente-deux sonates pour piano, un opéra, sept concertos, des pièces de musique de chambre et des ouvertures. Il jouissait sans aucun doute de la concentration du pouvoir. Florence Nightingale, qui a servi, soixante-treize ans durant la cause de la Santé Publique, a fait du métier d'infirmière une activité respectable. A dix-sept ans, elle s'est consacrée à la réforme hospitalière, y sacrifiant tout. Elle a introduit l'examen scientifique de la nourriture et des conditions de vie et d'hygiène des soldats. Son remarquable succès dans les hôpitaux militaires britanniques (tout d'abord pendant la guerre de Crimée), lui a valu une adoration largement partagée. Les étudiants en histoire entendent tous parler des remarquables talents de Benjamin Franklin en tant qu'homme d'État, diplomate, inventeur, musicien, linguiste et philosophe de salon. Ça vous a peut-être échappé, mais son autobiographie est un modèle du genre en matière de gestion du temps.

Je ne veux pas insinuer par là que vous devriez être un Tesla, un Edison, un Eastman, un Beethoven, une Nightingale ou un Franklin. Je tiens simplement à dire que vous devriez définir, de manière très réaliste, ce que vous faites le mieux, ce que vous prenez le plus de plaisir à faire. Vous devriez vous fixer des objectifs pertinents, vous y attacher, et les remplir. Il est fort possible que, dans plusieurs années, les gens ne parleront pas de vous comme ils parlent de ces « géants »; mais cela n'a aucune espèce d'importance. Ce qui compte, c'est que grâce à la concentration du pouvoir, à savoir votre faculté à vous concentrer sur vos priorités les plus essentielles et à les mener à bien, vous puissiez jouir de votre succès, faire ce que vous voulez faire comme vous voulez le faire, et atteindre ainsi à une satisfaction optimale.

Dans son essai intitulé *Confiance en soi,* Ralph Waldo Emerson écrit ceci : « N'est-il pas intéressant de voir à quel point les autres savent bien mieux que moi-même où se trouve mon devoir? » Et il ajoute : « C'est à vous et à vous seul qu'il faut vous attacher; car, au bout du compte, rien n'est plus sacré que l'intégrité de votre propre esprit. Votre unique souci devrait être : ce que vous avez à faire, et pas ce que pensent les gens. Par conséquent, accrochez-vous à vos convictions lorsque, en votre for intérieur, vous êtes persuadés d'avoir raison. »

La confiance en soi est au cœur du problème de la gestion du temps, tout simplement parce qu'il faut avoir confiance en ses jugements pour exercer le contrôle le plus adéquat sur des événements anticipés soigneusement choisis. La confiance en soi est le point commun aux biographies des individus les plus productifs. C'est pourquoi une biographie, si elle est lue avec attention et soigneusement méditée, est une meilleure préparation à une bonne gestion du temps que tous les livres jamais écrits à ce sujet. Lisez l'essai d'Emerson : *Confiance en soi.* Vous verrez que c'est l'un des exposés les plus brillants qui soit sur la gestion du temps.

La véritable force du Système de Maîtrise du Temps, c'est qu'il vous donne les moyens de contrôler les événements essentiels de votre vie, de manière appropriée, et de façon équilibrée.

Il y a quelques années, une enquête fut menée sur l'espérance de vie. La conclusion fut que ce sont les chefs d'orchestres symphoniques qui ont, en général, la plus grande longévité. Cherchant une explication, les enquêteurs en sont arrivés à la conclusion suivante : aucun autre métier ne permet d'avoir un total contrôle sur les événements.

La faculté de contrôler les événements est à la base de la gestion du temps. Les événements se produisent à la fois simultanément et successivement. Pourtant, nous les appréhendons en général les uns après les autres. Ainsi, en ce qui concerne nos objectifs, nous voyons le temps comme l'apparition successive d'événements; et la gestion du temps comme l'acte par lequel on contrôle les événements les uns après les autres.

Pour être en mesure de bien gérer votre temps, vous devez comprendre la nature des événements qui se produisent autour de vous. Les événements, c'est-à-dire tout ce qui peut bien arriver : la guerre de Sécession, l'homme sur la lune, l'éruption de l'Etna; aller en voiture au travail, déléguer un projet, dicter une lettre, faire un numéro de téléphone, discuter avec le voisin, se lever le matin. Les événements qui se produisent tout autour de vous, quotidiennement, sont la substantifique moelle de votre temps.

En développant le Système de Maîtrise du Temps, j'ai peu à peu distingué cinq catégories d'événements anticipés :

- les événements que vous pensez ne pas pouvoir contrôler, et en effet, vous ne le pouvez pas;
- les événements que vous pensez ne pas pouvoir contrôler, mais en fait, vous le pouvez;
- les événements que vous pensez pouvoir contrôler, mais en fait, vous ne le pouvez pas;
- les événements que vous pensez pouvoir contrôler, mais vous ne le faites pas;
- les événements que vous pensez pouvoir contrôler, et vous le pouvez.

Événements que vous pensez ne pas pouvoir contrôler, et en effet, vous ne le pouvez pas

En 1979, au beau milieu de l'été, un terrible orage de grêle a éclaté à Fort Collins, dans le Colorado. J'avais entendu dire qu'il était tombé des grêlons de la taille d'une orange; mais je ne l'ai pas cru, jusqu'à mon passage à Fort Collins, deux jours après l'orage. Là, un habitant en a sorti un de son congélateur pour me le montrer. Il m'a dit aussi que, à certains endroits, les grêlons avaient transpercé les toits.

L'orage de grêle de Fort Collins était un événement que les gens pensaient ne pas pouvoir contrôler. Et ils avaient tout à fait raison : ils ne pouvaient pas le contrôler.

La crise de 1981-1982 a été un désastre pour de nombreuses entreprises, et les patrons de plus d'une P.M.E. se sont alors dit qu'ils n'avaient aucun pouvoir sur l'économie. C'était là un événement qu'ils pensaient ne pas pouvoir contrôler; et en effet, ils ne le pouvaient pas.

Lorsque vous êtes confronté à un événement que vous pensez ne pas pouvoir contrôler, lorsque vous avez envisagé toutes les solutions qui vous permettraient éventuellement de le contrôler, et lorsqu'en définitive, vous en arrivez à la conclusion que vous ne pouvez rien faire, vous devez vous adapter. L'adaptation est la meilleure attitude à adopter.

Lorsque l'orage de grêle a frappé Fort Collins, certains habitants sont allés se réfugier dans leurs caves. D'autres se sont précipités sous leurs voitures ou ont cherché refuge dans des édifices publics. Confronté à la crise, un patron de P.M.E. que je connais personnellement, a donné un grand coup de fouet à son entreprise en investissant plus dans la publicité, et de manière plus créative. Les bénéfices ont alors augmenté de 22 % cette année-là, alors que des concurrents de taille, n'ayant pas su s'adapter, ont fait faillite. Dans chacun de ces cas, des individus se sont trouvés confrontés à des événements qu'ils savaient ne pas pouvoir contrôler. Et comme ils en étaient conscients, ils se sont adaptés.

Événements que vous pensez ne pas pouvoir contrôler; mais en fait, vous le pouvez

Une des tragédies de la vie, c'est que les gens n'arrivent pas à se fixer des objectifs, tant ils sont persuadés qu'ils n'y parviendront pas. Il y a de nombreux événements qu'ils pensent ne pas pouvoir contrôler alors qu'ils le peuvent. Fort heureusement, au cours de l'histoire, des personnes créatives, courageuses, ont cru pouvoir contrôler certains événements, alors que personne n'y croyait. Ils ont été les croisés, les inventeurs, les créateurs d'entreprises, les diplomates, les explorateurs. Ils s'étaient engagés sur une voie dont on n'aurait pu les détourner à aucun prix; et le monde les a souvent frappés de disgrâce. Pourtant, ces efficaces gestionnaires de temps ont réussi à contrôler des événements apparemment incontrôlables, et ils nous ont offert un monde meilleur.

Voici trois exemples en guise d'illustration. En 1429, Jeanne d'Arc, à la tête des troupes du Dauphin de France, a remporté une victoire contre les Anglais. Deux ans plus tard, elle était condamnée par une cour ecclésiastique en majorité anglaise. Elle est morte en martyre à l'âge de dix-huit ans... Robert Fulton assurait qu'il pouvait faire avancer un bateau avec de la vapeur. Le public s'est interrogé, a douté, a ricané, par peur du danger que représentait une telle entreprise. Fulton a quand même essayé, en 1807, de remonter l'Hudson avec son bateau. Il ouvrait ainsi l'ère de la navigation à vapeur... Quand John Deere a mis au point la charrue en acier, les paysans ont refusé de s'en servir sous prétexte qu'elle était trop lourde, et que l'acier contenait un poison qui allait détruire leurs récoltes. Deere et ses confrères, Cyrus Mc. Cormick et James Oliver, ont travaillé dur, et pendant longtemps, pour arriver à vendre des charrues d'acier aux paysans. Et lorsqu'ils y sont enfin parvenus, de grands espaces, à la frontière américaine, ont pu être ouverts à l'agriculture.

Chacun d'entre nous doit agir dans ce sens-là, au moment où il commence à gérer son temps.

Événements que vous pensez pouvoir contrôler; mais en fait, vous ne le pouvez pas

Est-ce qu'il vous est déjà arrivé de vous fixer un but, de vous investir à fond, de tout faire pour l'atteindre sans y arriver? Quel effet ça vous a fait? Pourquoi avez-vous échoué? Parce que vous n'étiez pas en contact avec la réalité.

Lorsque vous vous mettez en tête d'atteindre un but, vous devez absolument tenir compte des qui, quoi, où, quand, comment, pourquoi. Vous devez faire un bilan des faits, et vous organiser à partir de là. Une gestion efficace du temps dépend de notre faculté à voir les choses telles qu'elles sont réellement, à un niveau physique, intellectuel, émotionnel, social et spirituel. Un des défis que vous aurez alors à relever, sera d'être, autant que possible, en contact avec la réalité.

Événements que vous pensez pouvoir contrôler, mais vous ne le faites pas

C'est probablement la raison pour laquelle vous êtes en train de lire ce livre. Vous pensez pouvoir gérer votre temps beaucoup mieux que vous ne l'avez fait jusqu'à présent; et vous vous sentez capable de contrôler certains événements de votre vie de manière bien plus efficace. Le Système de Maîtrise du Temps va vous aider à trouver une solution.

Événements que vous pensez pouvoir contrôler, et vous le pouvez

Et alors, la vie est belle! Vous vous fixez un objectif, vous le formulez par écrit en termes bien spécifiques, en termes quantitatifs, vous définissez sa priorité, vous vous persuadez que vous allez l'atteindre, vous travaillez systématiquement dans ce sens, et vous finissez par l'atteindre. Quelle est alors la conséquence sur votre amour-propre? Il se renforce. Vous avez le sentiment d'être quelqu'un d'important à vos propres yeux, aux yeux de votre famille, de votre entreprise et de ses clients, de votre église ou de votre club, aux yeux de votre pays enfin.

On raconte une histoire au sujet du naturaliste américain du XIXe siècle, d'origine suisse : Louis Agassiz. Cette histoire illustre les cinq catégories précédentes.

Une fille de cuisine britannique apprit que le célèbre

conférencier venait en Angleterre. Elle économisa penny après penny pour pouvoir assister à la conférence. A la fin, elle alla trouver le conférencier, et lui serra la main en s'exclamant : « Comme ça doit être bien d'avoir eu toutes les opportunités que vous avez eues dans votre vie! »

Le Pr Agassiz la regarda et lui demanda :

– Vous n'avez jamais eu d'opportunité?

– Oh non! Pas moi! lui répondit-elle. Je n'ai jamais eu de chance.

– Que faites-vous, demanda-t-il, railleur.

– J'épluche des oignons et je pèle des patates dans la pension de famille que tient ma sœur.

– Et où vous installez-vous pour éplucher vos oignons?

– Je m'assois dans les escaliers de la cuisine.

– Et où posez-vous vos pieds?

– Par terre!

– Et de quoi est fait le sol?

– Il est en brique. Et il est ciré, dit-elle en se demandant où il voulait en venir.

Agassiz déclara alors : « Chère Madame, je vais vous donner un aperçu de la chose en vous mettant sur une piste. Je veux que vous m'écriviez une lettre qui parlera de la brique. »

– Mais je n'écris pas très bien, dit-elle.

Il lui prit le bras avec fermeté, et répondit : « Je ne vous laisserai pas partir avant que vous m'ayez promis de m'écrire une lettre sur la brique. »

Elle hésita, puis finit par accepter.

Le lendemain matin, alors qu'elle était assise dans les escaliers, à pleurer à cause des oignons qu'elle épluchait, elle se rappela sa promesse, et se dit : « Je dois écrire au Dr Agassiz. »

Elle jeta un coup d'œil autour d'elle, et remarqua alors une brique qui s'était soulevée par rapport aux autres. Elle la détacha du sol, et la souleva tout en se disant : « Mais qu'est-ce que je vais bien pouvoir écrire là-dessus ? »

Dans l'après-midi, une fois terminées ses corvées, elle alla avec sa brique, dans une briqueterie, et demanda au patron :

– Qu'est-ce que c'est ?

– Mais c'est une brique ! dit-il en riant.

– Non, non, dit-elle. Je voudrais savoir en quoi c'est fait.

– Eh bien voilà, commença-t-il à expliquer. « C'est du kaolin vitrifié et du silicate d'aluminium hydrique. »

Elle en savait alors un peu plus qu'avant ; et elle alla à la bibliothèque. Là, elle découvrit qu'on fabriquait à l'époque, en Angleterre, cent vingt différents types de briques et de tuiles. Elle en apprit même sur les moules en argile et la cuisson des briques. Soir après soir, elle retourna à la bibliothèque ; et à la fin, cette femme qui, jamais de sa vie, n'avait eu d'opportunité, commença à monter les escaliers de cette cuisine, foulant du pied du kaolin vitrifié et du silicate d'aluminium hydrique. La lettre qu'elle écrivit à Louis Agassiz ne faisait pas moins de trente-six pages... Quelle ne fût pas sa surprise, lorsqu'au bout de quelques semaines, elle reçut une réponse du Pr Agassiz accompagnée d'un chèque et de ce petit mot en guise d'explication : « J'ai fait publier votre lettre. » Avec cet étrange post-scriptum : « Qu'y a-t-il sous la brique ? »

Sous la brique, dans la poussière, elle trouva une fourmi. Et elle finit par écrire un livre sur les fourmis ; ce qui lui procura succès et amour-propre.

Quel était le problème de cette fille de cuisine avant sa rencontre avec le Pr Agassiz ?

Elle n'arrivait pas à gérer son temps, il y avait des événements qu'elle pensait ne pas pouvoir contrôler. Et elle avait raison ; elle ne pouvait pas les contrôler. Mais il y avait aussi des événements qu'elle croyait, à tort, ne pas pouvoir contrôler. Or, en fait, elle en était parfaitement capable. Enfin, il y a eu un événement qu'elle a cru pouvoir contrôler. Et elle avait raison; elle y est parvenue.

La gestion du temps, c'est l'acte par lequel on contrôle des événements. Vous devez impérativement connaître la véritable nature des événements qui se produisent autour de vous pour pouvoir les classer par ordre de priorité et arriver à les contrôler. Et lorsque vous vous assurez le contrôle de ces événements, vous vous adaptez en conséquence, et votre amour-propre s'en trouve grandi. L'amour-propre contribue à renforcer la productivité et inversement.

3.

VITAL *CONTRE* URGENT

Qu'est-ce qui incite les gens à s'atteler à un projet ? Son caractère d'urgence. *Urgent* signifie : « qui nécessite de se mettre en action sur-le-champ ». Que ce projet soit vital ou insignifiant, s'il est urgent, il sera réalisé. En revanche, s'il ne présente aucun caractère d'urgence, on aura tendance à en différer la réalisation.

Si vous ressemblez à la majorité des gens, votre journée comporte davantage de fausses urgences que de réelles urgences. L'un des principaux ennemis d'une gestion efficace du temps c'est *l'urgence,* la « mauvaise » urgence, celle qui s'attache à des événements insignifiants.

Avant de réfléchir à ce concept d'urgence, vous devez apprendre à établir des priorités, en les répartissant sur une échelle de valeurs de la manière suivante : utilisez la lettre **A** pour les priorités vitales. Selon le dictionnaire, une chose vitale est une chose « essentielle à la vie ». Toutes les priorités de la catégorie A ne pourront être définies comme étant « essentielles à votre vie ». Néanmoins, j'ai préféré employer le terme le plus fort, à mon sens, pour qualifier les priorités A. Un projet *vital* est un projet dont la réalisation vous apporte une grande satisfaction.

B signifie « important », non pas essentiel, comme A, mais de grand intérêt cependant.

Dans la catégorie **C,** on trouvera les priorités de moyenne importance.

Enfin, la réalisation de tout projet classé en **D,** représenterait une perte de temps intégrale.

Les gens ont tendance à confondre l'urgent et le vital. Je les entends dire sans cesse : « Ceci est vraiment urgent. C'est très important. Il faut que je le fasse immédiatement. » Comme si « urgent » et « important » signifiaient la même chose!

Je connais une société américaine de formation à la gestion du temps, qui conseille aux gens de régler au plus vite leurs problèmes urgents, afin de s'en débarrasser et de pouvoir passer à autre chose. Je ne pense pas qu'ils aient jamais cherché la définition du qualificatif urgent dans le dictionnaire.

Le terme *urgent,* tel que nous l'utilisons, n'a rien à voir avec nos priorités, mais plutôt avec notre manière d'agir. Nous cédons à l'urgence des choses.

Nous avons vu qu'il existait quatre catégories de priorités : A, B, C et D. Or, j'ai constaté que la majorité des gens occupent leur temps à faire des choses que l'on pourrait classer dans les catégories C et D. Pourquoi? Parce que le caractère urgent de ces choses les incite à agir.

Un promoteur immobilier m'a dit un jour :

– Charles, je n'ai pas le temps de lire.

– Vous avez autant le temps de lire que n'importe qui, ai-je remarqué.

– Je vous assure que je n'ai pas une minute à consacrer à la lecture.

– Soit, voyons un peu quelles sont vos priorités.

Tandis que nous étudiions la liste de ses priorités, je

compris que le fait de lire était essentiel pour lui, et méritait un « A1 ». Alors pourquoi ne lisait-il pas ? Tout simplement parce que ce n'était pas « urgent ». C'est le sens de l'urgence qui nous fait passer à l'action.

Si une personne désire contrôler un événement à venir – par exemple, lire une heure par jour – il lui suffit de donner un caractère d'urgence à cet événement, puis de l'insérer dans son emploi du temps, parmi les divers objectifs à réaliser dans la journée.

Sur une journée de travail de huit heures, combien de temps consacrez-vous à vos priorités vitales ? La plupart des gens consacrent deux heures aux urgences des catégories A et B, et six heures à celles des catégories C et D. Nombreux sont ceux qui pensent faire mieux, quand en réalité ils confondent d'urgentes bagatelles avec des événements d'une importance vitale.

Je me souviens d'un cadre, employé par une entreprise de deux mille cinq cents personnes. C'était un homme très respecté. Après avoir participé à mon séminaire sur la Maîtrise du Temps, il décida de consigner l'emploi de son temps sur un carnet, avant de mettre en pratique les principes que je lui avais enseignés. Il continua donc à travailler comme dans le passé. Au bout d'une semaine, il s'aperçut qu'il avait consacré seulement 10 % de son temps à des actions vitales et 90 % à des futilités des catégories C et D. Alors il passa deux jours entiers à planifier son travail en fonction des principes du Système de Maîtrise du Temps. Durant la semaine suivante, il continua à tenir son carnet de bord, tout en appliquant ses nouveaux procédés de gestion du temps. A la fin de cette deuxième semaine, il s'aperçut que les pourcentages s'étaient inversés, revirement de situation remarquable, et valorisation formidable de sa propre productivité.

Nous aimons tous la futilité. Nous dépensons des

dizaines de milliers de francs en futilités. Nous prenons sur nos heures de sommeil pour faire des choses futiles. Le plus souvent, nous ignorons ce que nous cherchons, mais nous sommes prêts à tout pour l'obtenir. Il est très facile de tomber dans le piège de la futilité. La plupart des gens emploient leur temps à faire des choses urgentes mais sans importance, et cela est encore plus vrai pour le temps que l'on passe chez soi, que pour le temps passé au travail. Au bureau au moins, il faut montrer un semblant d'efficacité pour justifier son salaire. Le fait qu'elles soient rémunérées, donne un caractère d'urgence aux tâches à accomplir, ce qui n'est pas le cas des tâches domestiques.

N'avez-vous jamais eu une journée de travail particulièrement mouvementée ? Cette journée ne vous a pas laissé une once d'énergie, et pourtant, lorsque vous quittez le bureau et montez dans votre voiture, vous vous dites : « Quelle journée épuisante ! Alors pourquoi ai-je l'impression de n'avoir rien fait d'important ? » Tout simplement parce que vous ne vous êtes préoccupés que d'urgentes banalités.

Si nous devions rendre compte de la manière dont la population française emploie son temps, nous découvririons qu'elle dépense la majeure partie de son énergie dans des tâches futiles et délaisse grandement les événements d'une importance vitale. Une courbe tracée le long d'une ligne de référence avec les événements d'importance vitale à l'une de ses extrémités et les événements sans importance à l'autre extrémité, aurait à peu près l'aspect suivant :

Vital *opposé* à Futile

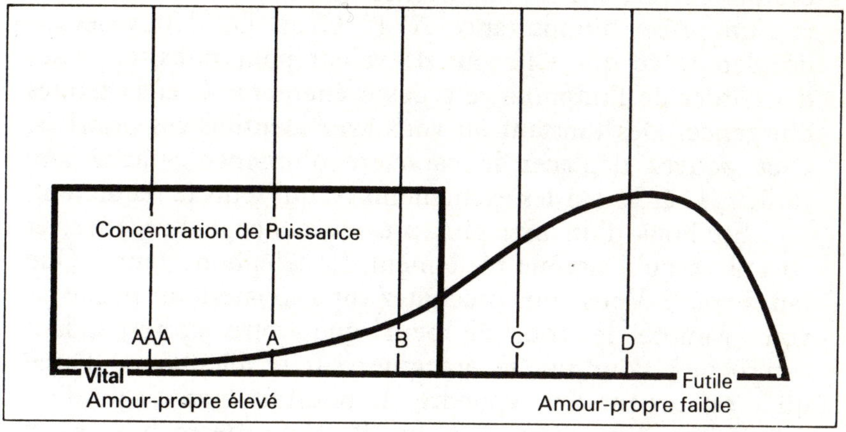

Notez que le degré le plus élevé d'amour-propre est en corrélation avec les événements triple A – événements réellement vitaux – tandis qu'un très faible respect de soi correspond aux futilités de la catégorie D et au-delà. Plus nous accomplissons d'actions d'une importance vitale, plus grand est notre amour-propre. Et inversement.

Notez également que l'efficacité maximale est associée à la réalisation d'objectifs vitaux. Un individu très productif, tel qu'un industriel de haut niveau, consacre la majeure partie de son temps à des tâches A et B, s'élève parfois jusqu'en triple A, mais ne descend que rarement dans les catégories C et D. Nombreux sont les gens qui ne décollent jamais du secteur C. L'une des raisons en est qu'ils confondent « urgent » et « vital », comme si ces deux termes avaient le même sens. Or, ils ne veulent pas dire la même chose. *Urgent* signifie simplement : qui nécessite de se mettre en action sur-le-champ.

Pour disposer d'une réelle efficacité, nous devons mettre

de côté les sollicitations intempestives à caractère urgent et évaluer correctement l'importance du but à atteindre : s'agit-il d'un projet d'importance A, B, C ou D ? Nous devons décider de ce qui a le plus de valeur pour nous, et cesser d'accorder de l'importance à des événements C et D teintés d'urgence. Dès l'instant où vous avez identifié vos priorités, vous pouvez déplacer le caractère d'urgence attaché aux futilités C et D, sur les événements A, qui seuls le requièrent.

Étudions d'un peu plus près ce concept d'urgence, et voyons ce qu'il signifie réellement. Le téléphone sonne. Que faites-vous ? Vous vous précipitez sur l'appareil, au risque de vous rompre le cou, de peur que votre correspondant raccroche ? Pourquoi se précipiter sur le téléphone ? Parce qu'il est urgent d'y répondre. Il pourrait bien s'agir d'un événement d'importance A ou B. Vous décrochez. Faux numéro ! Et voilà comment un A supposé s'est transformé en D !

Encore un exemple. Votre patron surgit dans votre bureau, et se comporte comme si la fin du monde était proche : « Nous avons un problème grave. Il faut que vous vous atteliez à ce projet immédiatement. » Voilà ce que l'on peut appeler une urgence. Vous ignorez si elle appartient à la catégorie A, B, C ou D, mais l'autorité conférée à votre patron, et la façon dramatique dont il vous a présenté les choses, crée un caractère d'urgence. Aussi réagissez-vous à cette sollicitation sans poser de question.

Un collègue entre dans votre bureau et commence nonchalamment à parler de ses dernières vacances aux Bahamas. Vous pourriez avoir une tâche d'importance vitale à accomplir, à côté de laquelle ce babillage n'est que futilité. Néanmoins vous laissez tout tomber pour bavarder avec votre collègue. La simple présence de quelqu'un crée un sentiment d'urgence. Par conséquent, vous avez tendance à y répondre.

Imaginez qu'un démarcheur sonne à votre porte. Au

bout d'une minute, vous savez que ce qu'il cherche à vous vendre ne présente aucun intérêt. Pourtant, il arrive que dans une situation semblable, l'on s'assoit tranquillement pour discuter de banalités. En pareil cas, la bonne attitude à avoir, consiste bien sûr à évaluer très vite l'intérêt de la visite, et à éconduire gentiment le démarcheur, s'il n'a rien de passionnant à proposer.

Dès l'instant où quelque chose vient se placer directement dans notre champ de vision, nous y associons un certain caractère d'urgence. Ceci est vrai non seulement des choses mais des gens. Pourquoi tant de gens ont-ils un bureau en désordre? Ils placent sur leur bureau notes et dossiers afin de pouvoir les traiter. Mais ils ne peuvent raisonnablement résoudre toutes ces « urgences » en un seul jour. Aussi se retrouvent-ils noyés sous les sollicitations que représente cette paperasse qui s'empile. Absurde. Une attitude intelligente en pareil cas, consisterait à trier tous ces papiers, à faire un petit tas devant soi des priorités A, et à ranger les autres dans un tiroir. Les questions de moindre importance reléguées hors de votre vue, perdent ainsi leur caractère d'urgence. Seules apparaissent comme urgentes celles restées sur le bureau.

Un autre exemple d'urgence est la limite dans le temps : Ce projet doit être réalisé *immédiatement.*

Mais si l'on dispose de trois mois pour le réaliser, il n'y a là aucun caractère d'urgence. Bien que vitale, la réalisation de ce projet peut être différée. Pour bien comprendre ce que j'essaie de vous dire, faites un retour en arrière, et souvenez-vous de l'époque où vous étiez lycéen. Le premier jour de l'année scolaire, votre professeur vous expliquait ce qu'il attendait de vous, si vous souhaitiez obtenir une bonne note. Il définissait ainsi ce qui était vital. Et que faisait l'étudiant type à la fin de cette première journée? Il allait voir un film, ou bien jouer au tennis, ou encore rendre visite à un ami. Après tout, les résultats de la fin du trimestre ne présentaient aucun caractère d'urgence à ses yeux.

Les étudiants, et tout particulièrement ceux qui commencent leurs études, traversent leur premier trimestre, ou semestre, sans se soucier beaucoup des examens. Surtout s'il n'y a qu'un examen de fin d'année. Ils ne disposent pas d'une maturité suffisante pour anticiper l'importance d'un événement qui doit se produire si loin dans l'avenir. Alors que se passe-t-il la nuit qui précède l'examen ? Ils bachotent comme des forcenés. Ce qui était vital depuis si longtemps, devient brusquement urgent. Les gens attendent généralement qu'une situation arrive à un état de crise pour agir – une habitude contractée pendant leurs études et qui perdure à l'âge adulte.

Heureusement, ainsi que je vous l'ai dit au début de ce chapitre, le sentiment d'urgence peut être aussi bien votre allié que votre ennemi. Une fois que vous avez déterminé quelles sont vos priorités vitales, que faire pour que ces projets se réalisent ? Conférez-leur tout simplement un caractère d'urgence, en ayant soin de mettre de côté tout ce qui n'est que futilité. Voici quelques suggestions pour y parvenir.

Essayez, aussi souvent que possible, de rendre ce projet tangible. Ma théorie sur le succès est la suivante : *Si un objectif est directement, expressément et continuellement présent à vos yeux, alors vos chances de le réaliser augmentent.*

Si vous dirigez un service, dites à ceux qui vous entourent que ce projet est urgent. C'est une bonne manière de leur communiquer le sentiment d'urgence que vous éprouvez à le réaliser.

Éventuellement, dramatisez la situation. Des récompenses en tout genre peuvent également stimuler vos collaborateurs.

Les détonateurs du sentiment d'urgence peuvent être les suivants : des gestes éloquents, un certain ton de voix, une inquiétude tangible, le fait de s'imposer dans l'espace vital d'un autre, d'accroître le rythme du travail. Et encore : la force de conviction, la franchise, la persévérance, les odeurs piquantes, les couleurs vives, un certain genre de musique, des lumières violentes, une situation de crise, la faim, le désir sexuel, la présence continuelle d'un téléphone.

Certaines personnes adoptent un comportement générateur d'échec pour créer un sentiment d'urgence et obtenir ce qu'elles veulent. Un accès de rage, par exemple, mobilise facilement l'entourage. Une telle attitude, néanmoins, génère rapidement la discorde, la perturbation et finalement on regrette d'avoir agi ainsi. Une personne qui se met facilement en colère devrait chercher d'autres manières de communiquer son sentiment d'urgence. En effet, la colère est un comportement générateur d'échec qui sape la productivité.

La rudesse, l'intimidation, les exigences immodérées, les menaces, les violences verbales ou physiques, représentent autant de manières autodestructrices de créer un sentiment d'urgence.

Il y a quelques années, lors d'un séminaire que j'organisais, un homme offrit spontanément de me raconter une expérience qu'il avait vécue.

« J'étais en visite chez une dame âgée, commença-t-il. Une dame très vieille, mais qui possédait encore toutes ses facultés. Nous étions plongés dans une conversation passionnante depuis environ trois quarts d'heure, lorsque le téléphone sonna. Elle se comporta exactement comme si elle n'avait rien entendu et continua à parler. Après qu'il eut sonné cinq ou six fois, je commençai à m'agiter sur ma chaise, à montrer des signes d'inquiétude et lui demandai : N'allez-vous pas répondre au téléphone ?

– Non, dit-elle. Je suis en train de discuter avec vous, et quelle que soit la personne qui m'appelle, elle rappellera très certainement.

Le téléphone continua à sonner, et je devins franchement inquiet.

– Et si c'était urgent ? insistai-je.

– Si c'est urgent, alors ils rappelleront, sans aucun doute. »

Cette vieille dame savait parfaitement gérer son temps. Jamais elle ne se serait autorisée à interrompre une conversation qu'elle jugeait de la plus haute importance, à cause de l'urgence d'un coup de téléphone dont le motif se serait peut-être avéré encore plus important pour elle.

La majorité des gens ont beaucoup de mal à comprendre cela. Pourtant, lorsque vous aurez assimilé les quelques techniques que je vous propose et fait la différence entre urgent et vital, vous devriez pouvoir adopter sans peine l'attitude de cette vieille dame dans votre travail. N'oubliez jamais qu'une question urgente n'est pas forcément vitale. En réalité, la plupart des problèmes urgents auxquels nous sommes confrontés sont d'une grande futilité. S'occuper de certains d'entre eux représenterait même une complète perte de temps.

Voici un dernier exemple, qui selon moi illustre au mieux mon propos.

Je vis avec ma femme, Nola, dans une région très boisée, au pied des montagnes Wasatch, dans l'Utah. A quelques centaines de mètres de notre maison, il y a une montagne aux versants très escarpés, qui s'appelle le mont Olympe. Le sommet de cette montagne se trouve à trois mille mètres. A côté du mont Olympe, il y a une montagne rocailleuse, aride, mais dont les pentes ne sont pas trop abruptes. Par un merveilleux après-midi d'octobre, je décidai d'aller escalader l'un de ses versants dénués de toute végétation. J'emmenai George avec moi, notre chien, un vieil animal à moitié sourd et presque aveugle. George adorait l'escalade, et il fila droit devant moi, tout en reniflant le chemin.

Au bout de deux kilomètres environ, George se sentit fatigué et s'assit pour m'attendre. Tandis que j'arrivais nonchalamment à sa hauteur, j'entendis un bruit insolite. Je m'arrêtai, revins prudemment sur mes pas, et regardai par terre. Je vis alors, à seulement dix centimètres de mon pied droit, un serpent à sonnettes lové sous une pierre et prêt à frapper. Ce serpent représentait subitement un événement d'importance vitale pour moi, alors que quelques secondes auparavant j'étais à mille lieues d'y songer.

Tandis que je reculai lentement, George vint me rejoindre en trottinant. Il se dirigea droit sur le serpent. Je lui criai de s'arrêter, et heureusement il m'obéit, répondant au sentiment d'urgence exprimé par le ton de ma voix. Finalement, le serpent disparut du sentier.

Je décidai de ne pas continuer ma promenade et rebroussai chemin. George traînait derrière et je m'assis sur une pierre pour l'attendre. Je pensais au serpent, quand mon chien glissa soudain derrière moi. Sa patte heurta une brindille qui se retourna et atterrit sur mon pied. Je fis un bond d'au moins un mètre! Cette brindille ne mettait pas ma vie en danger, mais elle avait créé chez moi un sentiment d'urgence.

Les gens trébuchent constamment sur de petites brindilles sans importance, mais ignorent les serpents qui les guettent au coin du bois, tout simplement parce que ceux-ci ne se montrent pas pour les inciter à se remuer.

4.

LE PRINCIPE DE COHÉRENCE

La cohérence est ce qu'il y a de plus important dans le Système de Maîtrise du Temps. Atteindre la cohérence procure une base solide pour fixer ses objectifs et les réaliser quotidiennement. Cela permet d'appréhender correctement la réalité et de prendre les décisions qui s'imposent. A quel moment pourrez-vous dire que vous avez trouvé la cohérence ? Lorsque vos actes sont en harmonie avec vos valeurs, et lorsque vos valeurs se trouvent en concordance avec les vérités les plus élevées. Vous atteignez alors la forme la plus gratifiante de productivité personnelle et vous découvrez la forme d'amour-propre la plus satisfaisante qui soit.

Votre plan d'action, pour parvenir à une parfaite maîtrise du temps, doit s'appuyer avant toute chose sur la recherche de l'efficacité maximale, *la capacité à se concentrer sur ses priorités vitales et à les réaliser.* La première question à se poser est la suivante : Quelles sont mes priorités vitales ? Une priorité étant une valeur, on peut également formuler sa question comme suit : Qu'est-ce qui compte le plus pour moi dans la vie ? Il ne s'agit pas seulement là de la première question à se poser pour parvenir à une parfaite maîtrise du temps, mais encore de la question la plus importante que vous vous poserez jamais dans votre vie. Dans ce chapitre et dans le suivant, il vous faudra prendre du recul par rapport à votre travail, vos engagements divers. Vous devrez essayer de redéfinir vos valeurs, non seulement dans la perpective d'une semaine de 168 heures, d'une année de 52 semaines, mais encore d'une vie entière, la vôtre. En adoptant cette attitude, vous approfondirez la question de la maîtrise du temps, comme vous ne l'avez encore jamais fait.

Imaginez que vous soyez dans une pièce de 40 mètres de long sur 10 mètres de large. On a placé une lourde poutre sur le sol, qui fait toute la longueur de la pièce. La largeur et la hauteur de la poutre sont de 30 centimètres. Vous vous trouvez à l'une de ses extrémités, et moi à l'autre. Je sors un billet de cent francs de mon portefeuille, je l'agite loin devant vous et je vous dis : « Si vous réussissez à traverser la pièce en marchant sur cette poutre sans perdre l'équilibre et en trois minutes, alors vous aurez gagné cent francs. » Vous sentiriez-vous capable de le faire? Le feriez-vous? Rares seraient les gens qui refuseraient ma proposition.

Imaginez maintenant que la poutre se trouve au-dessus du vide, entre les sommets des deux tours du World Trade Center. Vous êtes sur l'un des toits, à 445 mètres d'altitude, et moi sur l'autre. Vous constatez que les deux extrémités de la poutre sont placées sur les bords extrêmes des deux gratte-ciel. Le vent souffle à peine, mais la poutre oscille très légèrement. Il commence à pleuvoir. J'agite mon billet de cent francs et je réitère ma proposition. Pourriez-vous traversez cette poutre au-dessus du vide? Le feriez-vous? Et pour cinq cents francs? Dix mille francs? Un million? Accepteriez-vous de tenter le coup? Aucun individu un tantinet sain d'esprit ne se lancerait dans pareille aventure.

Imaginons à présent que vous ayez une petite fille de trois ans, Marie, et qu'un fou la tienne au-dessus du vide, à l'autre extrémité de la poutre. « Si vous ne m'avez pas rejoint dans trois minutes, je la balance dans le vide, vous crie-t-il. »

Vous savez que vous avez une chance de réussir. Mais le risque d'échouer est grand. Accepteriez-vous ce défi ?

J'ai posé cette question des centaines de fois lors de mes séminaires, et pratiquement chaque fois la réponse a été celle-ci : « Oui, je le ferais. » Je dis « pratiquement », parce qu'une seule fois, l'un des participants m'a répondu : « Tout dépend de quel type de gosse il s'agit. »

Dans ce dernier exemple – vous, Marie, et la poutre –, il existe deux priorités possibles : votre vie et celle de Marie. Si vous répondez comme la majorité des gens, vous considérez que la vie de votre enfant compte plus à vos yeux, que votre propre vie. La raison pour laquelle vous décidez de traverser la poutre tient dans ces mots : « J'aime mon enfant. » Voilà ce que j'appelle un principe unificateur, une idée de la vérité qui vous guide dans votre vie.

Pour que vous la qualifiiez de « principe unificateur », une idée doit être l'une de vos priorités majeures, l'une de vos valeurs les plus profondes. Tous les individus fonctionnent selon un système de valeurs, mais rares sont les gens qui agissent en fonction de leurs propres valeurs.

Durant les premières années de ma carrière dans la gestion du temps, je travaillais pour des entreprises qui avaient des problèmes avec certains de leurs employés. J'avais des entretiens individuels avec les employés en question. L'un de mes clients était une entreprise de 140 personnes, spécialisée dans la production d'équipement lourd. La présidente de cette compagnie me pria un jour de venir la voir et me conta l'histoire suivante : « Charles, vous avez aidé bon nombre de nos employés. Nous avons actuellement des problèmes avec un jeune homme d'une trentaine d'années. Il s'appelle Bert. Nous l'avons engagé il y a quelques mois, et c'est un échec sur toute la ligne. A vrai dire, ses erreurs nous ont déjà coûté pas mal d'argent. J'ai envisagé de le renvoyer à trois reprises, mais chaque fois je repensais à la première impression qu'il m'avait faite, une impression très positive, et je me disais qu'il y avait certainement un moyen de l'aider à s'en sortir. »

Je pensai : « Quelle patience elle a! La plupart des patrons auraient renvoyé Bert depuis longtemps. » J'étais ébahi par son indulgence envers un employé improductif. J'avais rarement vu une telle chose.

« Laissez-moi passer quelques minutes seul avec lui, suggérai-je, je reviendrai vous voir après. »

Lors de ma première entrevue avec Bert, je lui demandai comment marchait son travail.

– Mal, répondit-il. Je pense que je vais perdre ma place.

Je pensai : « Voilà au moins un point sur lequel Bert est en prise directe avec la réalité. »

Puis je lui demandai quel était son problème, et il me répondit :

– Je ne parviens pas à me concentrer sur ce que je fais. Je ne prends pas les bonnes décisions, et je ne suis pas heureux dans cette entreprise. C'est vraiment une expérience dramatique.

Bert n'était pas en harmonie avec lui-même, instable dans sa vie professionnelle. C'était son troisième emploi pour l'année en cours.

– Et comment va votre vie privée ? demandai-je.

– C'est encore pire de ce côté-là, répondit-il.

Bert avait été deux fois marié, mariages qui s'étaient tous deux soldés par des divorces. Il avait des enfants de ses deux ex-épouses. Et il adorait ses enfants. Il aurait traversé la poutre sans hésiter pour leur sauver la vie. En revanche, en ce qui concernait ses ex-femmes, il avait le sentiment qu'il les aurait volontiers poussées toutes les deux dans le vide, s'il en avait eu l'occasion. Bert avait également de graves difficultés financières. Il se trouvait dans un état de déséquilibre. Ses actes étaient en disharmonie totale avec ses valeurs, et il en souffrait. Il m'avoua n'avoir jamais songé sérieusement à définir ses propres valeurs. Et il n'avait jamais mis ses objectifs sur le papier, j'en aurais juré.

– Est-ce réellement important pour vous de résoudre ce problème ? lui demandai-je.

– Charles, dit-il, je ferais *n'importe quoi* pour le régler.

– N'importe quoi, vraiment ? insistai-je.

– N'importe quoi ! m'assura-t-il.

Je pensai : « Voilà le genre de client que j'aime avoir ! »

Puis je retournai voir la présidente de la société et lui dit : « Si vous acceptez de me confier Bert une heure par semaine, le temps qu'il faudra pour résoudre son problème – et même si cela dure trois ans –, je suis disposé à l'aider. » Elle me donna son accord.

Lors de notre deuxième entretien, je dis à Bert :

– Vous m'avez affirmé être prêt à tout pour régler votre problème.

– C'est exact, approuva-t-il.

– Eh bien, au travail alors.

J'expliquai à Bert que j'étais un spécialiste de la question du temps, et que je pensais qu'il avait un problème de ce côté-là. Puis je lui énonçai les trois concepts clé de mon Système de Maîtrise du Temps – gestion du temps, harmonie et efficacité maximale. « L'efficacité maximale est votre capacité à vous concentrer sur vos priorités vitales et à les réaliser, lui dis-je. La première étape, pour vous, consistera à déterminer quelles sont vos priorités vitales. Qu'est-ce qui compte le plus pour vous dans la vie, Bert ? »

– Mince alors ! souffla-t-il. Et où tout cela est-il censé nous amener ?

– A prendre conscience clairement des choses auxquelles vous accordez le plus de valeur. Lorsque vous les aurez définies, alors vous ferez votre auto-critique et vous comprendrez ce qui dans vos actes, se trouve en disharmonie avec vos valeurs. Finalement, vous réussirez à vous placer sur la bonne voie et vous aurez trouvé l'unité.

– Trouvé quoi ?

– L'unité.

– Qu'est-ce que c'est que ça ?

Je lui fis la réponse que j'avais faite à tant de gens lors de mes séminaires.

– Lorsque vos actes sont en accord avec ce que vous pensez être bien, alors vous ressentez un sentiment d'accomplissement total, et votre productivité atteint son zénith. Dès l'instant où vous avez défini ce qui compte le plus pour vous dans la vie, vous anticipez alors ces événements, vous les contrôlez, et vous y gagnez en amour-propre. Il y a là la plus grande source de respect de soi que l'on puisse imaginer.

– Et comment y parvenir ? s'enquit-il.

– Nous allons utiliser les principes unificateurs comme des murs de soutènement, répondis-je. En définissant vos priorités vitales, vous définissez vos principes unificateurs. Un principe unificateur, est une pépite de vérité utilisée comme guide pour planifier des objectifs et vivre en accord avec soi-même.

– Très bien Charles, dit-il. Alors dites-moi quels sont mes principes unificateurs et je verrai si je peux les mettre en pratique.

– Pas question, Bert, répliquai-je. C'est à vous, et à vous seul de déterminer quelles sont vos valeurs. Vous êtes votre propre maître et je n'ai nullement l'intention de vous imposer mes propres valeurs. Mais je vais vous expliquer comment procéder. Dans la semaine qui vient, chaque fois que vcus aurez terminé votre travail et que vous disposerez d'un peu de temps libre, asseyez-vous tranquillement chez vous, dans la solitude la plus complète. Laissez alors émerger vos priorités vitales à la surface de votre conscience. Ne demandez l'avis de personne. Après tout, vous serez seul juge, dans votre décision finale. Dès que vous aurez identifié vos priorités, couchez-les sur le papier.

– Mais Charles, dit-il, découragé, je ne sais vraiment pas quoi écrire. Je ne sais même pas par où commencer.

– Dans ce cas, le rassurai-je, je vais vous donner quelques idées pour vous aider à démarrer. Être déterminé à donner le meilleur de soi-même. Que pensez-vous de ça ?

– Je trouve que c'est une excellente idée, répondit Bert.

– Mais ne l'écrivez pas uniquement parce que je vous l'ai proposée, lui fis-je remarquer. Ne la prenez en compte que s'il s'agit de l'une de vos priorités vitales.

– C'en est une, affirma-t-il.

Puis il nota cette idée.

Je lui donnai alors l'une des idées de Hans Seyle, tirée de son livre *Stress sans Détresse :* Susciter la bienveillance des autres à son égard. Ceci sembla lui plaire et il le nota également.

– Croire en l'être humain, proposai-je.

– Euh, dit-il, je crois en certaines personnes, et pas en d'autres.

Il n'écrivit rien cette fois.

Je lui suggérai alors :

– Être intègre.

– Ah ça, je crois vraiment qu'il faut être honnête! répondit-il, sans l'ombre d'une hésitation.

Aussi décidai-je de le tester.

– Voyons, et si nous confrontions vos principes unificateurs à la réalité? proposai-je. Imaginez que vous vous trouvez dans un supermarché. Vous faites la queue à l'une des caisses. Tout à coup, vous remarquez un billet de cent francs sur le sol. Personne d'autre ne l'a vu. Le mettriez-vous dans votre poche ?

– Oh non! répondit-il sans hésiter. Certainement pas.

Cet argent n'est pas à moi. La caissière l'aura sans doute laissé tomber. Et je le lui rendrais.

– Vous feriez vraiment cela? demandai-je, suspicieux.

– Charles, essayez-vous de tester mon honnêteté?

– Non, répondis-je. Je vérifie seulement quelque chose. Il est fréquent qu'une personne affirme ceci ou cela et qu'une fois confrontée à la situation en question elle agisse différemment.

– Je ferais exactement ce que je viens de vous dire, Charles.

– Je vous crois, Bert, mais en ce qui concerne le concept d'unité, la seule chose qui compte est que vous agissiez vraiment en fonction de vos propres valeurs, celles que vous aurez définies vous-même.

Puis je lui posai une autre question.

– Que pensez-vous de la limitation de vitesse à 90 kilomètres heure?

– Je trouve qu'il s'agit là de l'une des meilleures lois de ce pays.

– Vraiment? demandai-je, surpris. Et pourquoi cela?

– Parce que cette loi a sauvé des milliers de vies.

En venant au bureau, ce matin, poursuivis-je, à quelle vitesse rouliez-vous?

– Environ 100 à l'heure.

Nous éclatâmes de rire.

– Je crois que vous m'avez piégé, admit-il. Voici un exemple type de disharmonie entre mes idées et ma manière d'agir.

– Exact, Bert.

Puis je poussai plus avant mes explications.

– C'est un peu comme si nous avions deux cercles. Dans le premier, votre principe unificateur. Dans le second, votre manière réelle d'agir. Eh bien, dans l'exemple du supermarché, votre principe unificateur – ici, votre intégrité – se trouve en concordance parfaite avec votre comportement. Aussi les circonférences des deux cercles coïncideraient-elles. Dans ce cas précis, vous avez atteint l'harmonie. En revanche, dans l'exemple de la limitation de vitesse, vous n'avez pas respecté ce que vous pensiez être bien – à savoir ne pas dépasser les 90 kilomètres heure. Ainsi les circonférences des deux cercles se chevaucheraient-elles, au lieu de coïncider. Il y a ici disharmonie.

– Mais je ne vois pas le problème, objecta Bert. Il était très tôt, et l'autoroute était pratiquement déserte. Il n'y avait pas vraiment de danger à dépasser la limitation de vitesse.

– Vous m'avez pourtant affirmé que vous approuviez pleinement cette interdiction.

– A vrai dire, je ne me suis pas vraiment senti coupable en ne la respectant pas, remarqua-t-il.

– Parfait, dis-je. Prenons un autre exemple. Braqueriez-vous une banque ?

– Certainement pas, réplique-t-il.

– Et pourquoi pas ?

– Pour formuler les choses comme vous, disons qu'il s'agirait là d'un comportement incohérent. Je pourrais me retrouver en prison, ou même me faire tirer dessus. »

Bert se préoccupait des conséquences d'une action en disharmonie avec l'une de ses valeurs – l'honnêteté. Il était sur la voie du progrès. Je lui expliquai la chose suivante :

« Les cercles peuvent avoir des diamètres différents. Prenez par exemple le cercle " Honnêteté ". Dans certaines circonstances, une personne peut dire un mensonge sans grandes conséquences. Dans d'autres circonstances un mensonge pourra avoir de graves conséquences. Quoi qu'il en soit, plus l'on rapproche la circonférence du cercle " actions " de celle du cercle " principes ", plus elles seront près de se confondre et plus vous vous sentez en accord avec vous-

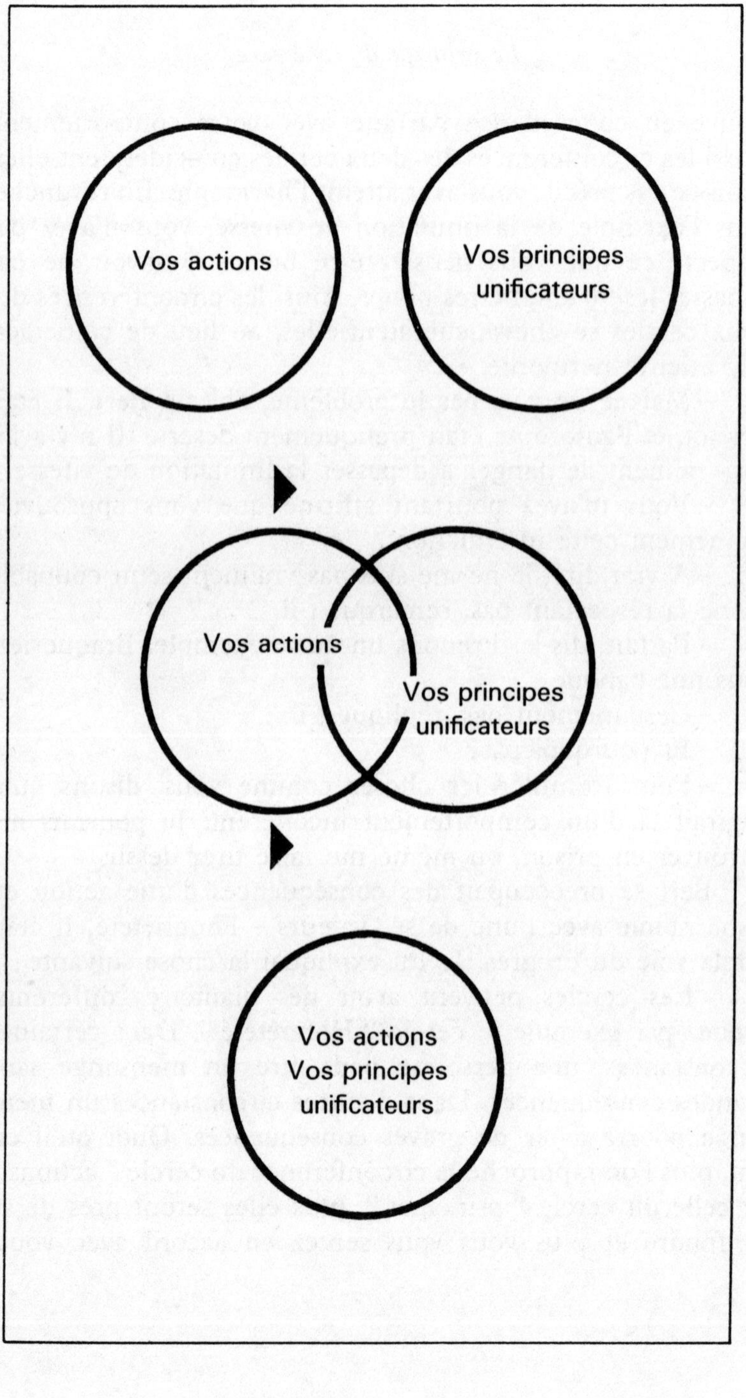
Vos actions
Vos principes
unificateurs
Vos actions
Vos principes
unificateurs
Vos actions
Vos principes
unificateurs

même. Vous construisez alors une base puissante pour la gestion effective de votre temps. »

Puis je hochai la tête et dit à Bert :

– J'ai un aveu à vous faire. Ce matin, en venant vous voir j'ai moi aussi dépassé la limitation de vitesse.

– Ce n'est pas vrai.

– Si. En tant que spécialiste de la question du temps, je ne pouvais me permettre d'arriver en retard à notre rendez-vous. Mais cela n'est pas un problème pour moi. Je l'assume parfaitement.

– Alors vous pensez que je dois obéir à certaines règles, quand vous-même vous réservez le droit d'obéir à d'autres règles.

– Absolument pas. Les règles sont les mêmes pour vous et moi. Et si vous désirez les suivre, je crois que vous le pouvez.

– Où voulez-vous en venir ?

– Il y a une erreur de fabrication sur le compteur de ma voiture. Il indique 100 kilomètres heure, quand en réalité je roule à 90.

– Vous essayez de vous justifier, dit-il.

– C'est exact, je me justifie, comme vous, tout à l'heure, lorsque nous parlions de votre propre conduite.

Se justifier, c'est vivre en disharmonie avec ses principes unificateurs, et cela représente l'une des plus grandes pertes de temps qui soit. Le fait de trouver, après coup, une explication logique à une action inappropriée à nos principes, crée un paradoxe très intéressant. Il nous arrive à tous d'agir d'une manière inconsidérée, et de nous sentir en désaccord avec nous-mêmes. Alors, nous rationalisons la situation, nous trouvons une justification à nos erreurs. Heureusement d'ailleurs. Si nous n'avions pas cette capacité de nous justifier, il nous arriverait parfois de nous taper la tête contre les murs. Le fait de rationaliser des actes inconsidérés, nous permet de garder une illusion de rectitude, tout en continuant à mal agir. Mais le fait de vous justifier en permanence, finit par vous déconnecter de la réalité.

Une façon de rationaliser est de maquiller une vérité première jusqu'à la faire coïncider avec une action inadéquate. Je connais un homme d'une grande intégrité, qui s'est retrouvé condamné – injustement – à plusieurs semaines de prison. Quand il est sorti, il m'a dit la chose suivante : « J'avais décidé de mettre cette expérience à profit pour réfléchir et j'ai commencé à poser des questions à tous les détenus avec lesquels j'étais en contact. Curieusement, je n'ai pas réussi à en trouver un seul qui ait fait quelque chose de mal. » Auto-justification. Mais cela ne vous mène qu'à une fausse estime de vous-même.

L'auto-justification est dangereuse, comme une épée à double tranchant. D'un côté, vous avez une illusion de rectitude tout en étant en discordance avec nos valeurs. De l'autre, vous vous déconnectez de la réalité. Un individu qui vit en dehors de la réalité ne contrôle pas les événements en s'appuyant sur de vraies valeurs, et gère mal son temps. Par conséquent, l'auto-justification est une attitude débilitante, même si elle nous permet de rester sain d'esprit. Elle nous crée de sérieux problèmes, nous masque la vérité et nous empêche de bien agir.

Il y a quelques années, je dirigeais un séminaire pour un groupe de cadres d'une compagnie pétrolière, quand l'un d'entre eux leva la main et me posa la question suivante :

– Charles, que feriez-vous dans le cas, où, après avoir engagé une action – une action que vous ne désirez pas stopper – vous vous aperceviez qu'elle en est disharmonie totale avec l'une de vos valeurs ?

– Je souffrirais! répondis-je.

Quand vous avez clairement défini l'une de vos valeurs et que vos actes se trouvent en désaccord avec elle, vous pouvez toujours rationaliser la situation, vous n'en souffrirez pas moins. Vous créez la disharmonie dans votre vie, et probablement dans celles de quelques autres personnes. Et cela est d'autant plus vrai pour ceux qui professent une ligne de conduite et s'en éloignent sans vergogne. Des perturbations diverses, une désorganisation certaine et d'autres problèmes s'ensuivent.

En réalité, vous avez deux attitudes possibles après avoir engagé une action qui ne coïncide pas avec vos valeurs : soit vous vous enferrez dans cette voie erronée et vous souffrez, soit vous redéfinissez clairement votre principe unificateur et vous rétablissez le cap.

Nous avons tous passé des milliers d'heures dans notre vie à nous débattre dans des situations que nous avions créées nous-mêmes et qui se trouvaient être en désaccord avec nos valeurs les plus profondes. Je connais très peu de gens, et vous aussi vraisemblablement, dont les cercles de valeurs coïncident avec ceux de leurs actes. L'un de mes amis les plus chers – aujourd'hui décédé –, avait pratiquement réussi à faire coïncider les deux cercles dans les domaines de l'honnêteté, l'amour de son prochain, l'humilité et l'amour-propre. C'était un homme sans malice aucune, jamais avare de son temps, qui avait l'obsession magnifique de faire profiter de ses talents et de son argent, ceux qui en avaient besoin.

Dès l'instant où vous avez défini vos principes unificateurs et où vos actes concordent avec eux, vous avez mis en œuvre le meilleur système qui soit pour gagner du temps. Alors vous vivez en harmonie avec vous-même et les autres et disposez d'une base saine pour prendre les bonnes décisions. En outre, vous vivez désormais dans la réalité. Et vous employez votre temps libre non plus à vous débattre au milieu des problèmes, mais à vous dépasser.

A la fin de cette semaine-là, Bert quitta le bureau fermement décidé à coucher ses principes unificateurs sur le papier. Je lui avais conseillé de rester seul le plus souvent possible. Seuls, nous disposons de notre lucidité maxima, personne n'est là, en train de nous dire ce que nous devons penser. Durant cette courte période de solitude, Bert s'en référerait à sa propre conscience pour découvrir quelles étaient ses priorités vitales.

Pourtant, lors de notre entretien suivant, il était complètement découragé.

– Charles, dit-il, j'ai passé presque tout mon temps à essayer de définir mes priorités vitales, mais hélas, j'ai échoué. Je n'ai rien trouvé du tout.

Aussi lui proposai-je une nouvelle idée.

– Et si vous essayiez, durant cette semaine, de relever les titres des livres – parmi des ouvrages du monde entier – qui selon vous contiennent les plus grandes vérités.

– Quel genre de livres?

– Vous pourriez chercher dans la Bible, le Coran, le Talmud, ou encore Shakespeare, lui suggérai-je. A vous de décider, en fonction de votre propre expérience, des sources où vous allez puiser.

Et vraisemblablement il suivit mon conseil, car la semaine suivante il arriva à notre rendez-vous avec une bonne liste d'idées. A présent nous pouvions commencer à travailler.

Je lui montrai comment mettre en pratique ses principes unificateurs, afin de les faire coïncider le mieux possible avec ses actes. Je lui appris à les formuler comme des moteurs de ses actions, chaque principe devant être défini comme un objectif. Je l'aidai à rédiger un petit paragraphe d'explication pour chacun de ses principes. Après quoi je lui donnai la marche à suivre pour les classer par ordre de priorité.

Quand tout fut achevé, je lui lançai le défi suivant :

faire coïncider ses actes avec ses principes unificateurs, les uns après les autres.

Bert et moi travaillions ensemble depuis environ deux mois, lorsqu'il se précipita un jour dans mon bureau en s'exclamant :

– Charles, nous vivons dans un monde formidable!

Je le regardai, surpris.

– Que vous est-il arrivé? demandai-je.

– J'ai pris l'une de mes priorités vitales, expliqua-t-il, l'un de ces principes unificateurs, et j'ai réussi, cette semaine, à faire coïncider mes actes avec lui.

Ce que Bert me raconta ensuite m'étonna fort. Il avait trois petites amies, mais n'aimait réellement aucune d'entre elles. Se référant à l'un de ses principes unificateurs, « Porter de l'intérêt aux autres », il s'était aperçu à quel point cette situation était incongrue, et il avait rompu avec les trois jeunes femmes dans la même semaine.

– Mon dieu! Comme ça fait du bien! s'exclama-t-il.

– Bert, lui dis-je, vous vous sentez bien parce que vous avez réussi à reprendre le contrôle d'un événement que vous jugez essentiel dans votre vie. Cette semaine, vous avez fait un grand pas en avant dans la gestion efficace de votre temps et votre amour-propre en est sorti grandi.

Et voilà un homme qui m'avait dit n'avoir jamais remporté une victoire dans sa vie, et qui brusquement rompait avec un passé d'échecs. Pourquoi? Comment avait-il fait? Il avait défini une valeur profonde pour lui, s'en était fait un objectif, et avait éliminé de sa vie ce qui venait en contradiction avec cet objectif – une relation superficielle avec ses petites amies.

Quelques mois plus tard, je vins constater sur place l'évolution des événements. Et la présidente me dit la chose suivante : « Charles, j'ignore ce qui s'est passé lors de vos entretiens avec Bert, mais je peux vous dire une chose : ce garçon a complètement changé. Il travaille remarquablement bien, si bien même, que mon mari et moi avons décidé de lui offrir un poste de cadre. »

Ce jour-là, je passai quelques minutes avec Bert. Il avait réellement changé. C'était un autre homme. Il donnait l'image rassurante d'un individu qui a confiance en lui-même. Il me parla des nouvelles responsabilités qui allaient lui incomber, puis il me dit :

– Charles, je suis allé revoir ma deuxième femme, et je lui ai parlé des principes unificateurs. Jusqu'à présent, nous nous étions toujours querellés à propos de nos différences. Maintenant, nous avons découvert ce que nous avions en commun. Nous envisageons de nous remarier.

Pendant plus de dix ans, j'ai enseigné ce principe de cohérence, presque quotidiennement. Et j'en ai conclu, après avoir travaillé avec des milliers de personnes, que ce principe était un rouage essentiel de mon Système de Maîtrise du Temps. Tandis que vous franchirez les sept étapes pour atteindre à l'harmonie dans le prochain chapitre, vous vivrez une expérience excitante et pleine de défis.

A l'âge de vingt-sept ans, Benjamin Franklin ressentit le besoin profond de rendre sa vie meilleure et décida d'établir une liste des grandes vérités universelles. Il en trouva douze et les qualifia de vertus; la modération, le silence, l'ordre, la volonté, la parcimonie, l'assiduité, la franchise, la justice, la tempérance, la propreté, le calme et la chasteté. Il montra cette liste à un ami Quaker, qui lui dit : « Je trouve que tu devrais en ajouter une treizième : l'humilité. »

Franklin accepta la suggestion de son ami et il en résulta ce que l'on appelle aujourd'hui : « les treize vertus de Ben Franklin ». Franklin se fixa comme objectif de réussir, avant sa mort, à vivre en accord parfait avec ces treize vertus.

Plus tard, dans sa biographie, il écrivit que cela était

plus difficile qu'il ne se l'était imaginé au départ. Il prétendait passer un moment chaque jour à mettre l'une de ces vertus en application. Il possédait un petit carnet secret dans lequel il consignait ses actes vertueux, actes qu'il évaluait tous les soirs. En résumé, il s'aperçut de la chose suivante, concernant l'humilité : chaque fois qu'il avait le sentiment d'être devenu humble, au même instant, il en éprouvait de la fierté.

5.

LA PRATIQUE DE LA COHÉRENCE

La maîtrise du temps commence avec la capacité à se concentrer sur ses objectifs vitaux et à les réaliser. C'est cela l'efficacité maximale. Elle commence lorsque vous définissez vos priorités vitales.

Il y a sept étapes qui mènent à la cohérence, mais laissez-moi vous préciser quelque chose : définir, articuler, affiner, puis classer ses principes unificateurs par ordre de priorité, semble être un défi difficile à relever. Néanmoins, le fait d'avoir relevé ce défi vous procurera une satisfaction immense. Lisez ce qui suit et qui a trait aux sept étapes en question. Puis réservez-vous du temps pour planifier votre travail.

Premièrement, établissez une liste de ce qui compte le plus pour vous, vos priorités vitales. Par exemple, vous pourriez choisir : l'honnêteté, l'amour-propre, la famille, l'humilité, la capacité de commander et l'amour.

Quel devrait être le nombre de vos priorités ? Certaines personnes commencent par en écrire trois ou quatre. Puis au fils des semaines et des mois, elles en trouvent de nouvelles. Le nombre des priorités que vous définissez dépend en grande partie de votre capacité à planifier et à réaliser des objectifs.

L'un des ex-participants à nos séminaires commença par en écrire deux cents. C'était beaucoup trop. Il ne pourrait réaliser tous ses objectifs. Il avait été trop précis. Un autre écrivit simplement « Être heureux », mais il s'agissait là d'une formulation d'ordre général et donc trop vague. Le bonheur, c'est vivre en accord avec ses valeurs. En ce moment, j'ai trente priorités vitales. Il fut un temps où j'en avais cinquante-neuf. Mais je décidai rapidement d'en regrouper certaines.

N'oubliez pas que seules comptent vos vraies valeurs, celles qui émergent de votre conscience propre.

Après avoir suivi le séminaire sur la maîtrise du temps, certains de nos diplômés choisirent de se concentrer sur seulement deux ou trois priorités avec lesquelles ils se sentaient à l'aise. Vous êtes seul juge du nombre d'objectifs à choisir pour commencer. Je vous suggère d'adopter la philosophie de Carl Rogers selon laquelle un individu est toujours en situation de devenir. Semaine après semaine, repensez à vos objectifs, reformulez-les, planifiez-les différemment. Ainsi, vous obtiendrez graduellement des résultats, jusqu'à réussir à établir le programme d'action idéal. Une chose est certaine : vos résultats seront fonction de la qualité et de la justesse de votre planification.

Dans un premier temps, établissez des priorités d'ordre général. **La seconde étape consiste à reformuler chaque principe et à en faire un mode d'action.** Par exemple, l'honnêteté deviendra « Être honnête »; le respect de soi « Avoir de l'amour-propre »; la famille « Subvenir aux besoins de ma famille »; l'humilité « Rester humble en toutes circonstances ».

Troisièmement, veillez à ce que vos principes unificateurs soient des idées nobles et compatibles entre elles. Vous devez prendre garde à ne pas ouvrir la voie à la contradiction dans votre famille de valeurs. Examinez vos objectifs très consciencieusement, prenez-les deux par deux, envisagez toutes les combinaisons possibles. Aucune ne doit être aberrante. Je me souviens d'un type, qui déclarait, à l'aube de sa carrière : « Je veux devenir riche, à n'importe quel prix. » Considéreriez-vous cela comme un principe unificateur ? Probablement pas. Le prix risquerait d'être trop élevé. Je vais vous conter ce qui est arrivé à cet homme. Il avait une jolie femme et plusieurs enfants merveilleux. Il créa sa propre affaire et réussit brillamment. Il devint riche, mais finit en prison pour extorsion de fonds. Sa femme le quitta et finalement il se suicida. Son objectif dans la vie était exactement l'inverse d'un principe unificateur.

Un sénateur des États-Unis participa à l'un de mes séminaires en 1983, à Chicago. Son assistante avait suivi le séminaire de Washington et à son retour, elle avait tellement insisté pour que son patron suive ce séminaire sur la maîtrise du temps qu'il avait accepté. Il avait pris l'avion pour Chicago. A l'issue de la première journée, nous dînâmes ensemble et il me dit ceci : « Charles, ce concept de cohérence est l'une des choses les plus excitantes auxquelles j'aie jamais été confronté. »

Cet homme était un agnostique, cependant il était vivement intéressé par ce concept. « J'ai été sénateur pendant onze ans, dit-il. Je me trouvais au Sénat quand le scandale du Watergate éclata. Voilà bien l'une des choses les plus fâcheuses qui se soit jamais produite dans notre pays. Franchement, je pense que si le président Nixon et les autres avaient suivi votre séminaire et appliqué vos principes, jamais nous n'aurions eu à souffrir de ce scandale. » « Eh bien, dis-je, je suis tout à fait d'accord avec vous. »

Voilà en effet des politiciens qui avaient le pouvoir de définir des objectifs pour la nation, mais qui dans certains domaines, ne prenaient pas les bonnes décisions. Leurs actes n'étaient pas guidés par des vérités fondamentales, comme ils auraient dû l'être. Et il y eut vraisemblablement une bonne part d'auto-justification dans tout cela.

Ma philosophie personnelle m'entraîne à rechercher les vérités les plus nobles parmi les sources les plus variées. Quoi que je lise, c'est toujours dans l'idée d'y trouver matière à affiner mes principes unificateurs. Je crains toujours de passer à côté d'une vérité. Aussi mes sources sont-elles nombreuses. J'ai puisé dans la Bible, le Coran. J'ai découvert des idées merveilleuses dans la philosophie orientale. J'ai également étudié le Talmud. Et j'ai découvert que ces différents ouvrages avaient plusieurs principes unificateurs en commun tels que l'humilité, la foi, l'amour. En outre, chacun d'entre eux a une règle d'or. Par ailleurs, je me suis aperçu que la littérature classique était truffée de principes unificateurs. Je suis persuadé que vous aussi avez des sources de prédilection, dans lesquelles vous vous replongez régulièrement. Elles représentent votre philosophie de base, ce qui ne vous empêche pas de continuer à chercher dans d'autres directions.

Mon but n'est pas, je le répète, de vous imposer mes valeurs, ni celles de qui que ce soit. C'est pourquoi je n'utilise que des valeurs universelles comme exemples dans ce livre. C'est à vous de définir vos propres valeurs.

Je n'ai pas non plus pour objectif de faire entrer la religion en scène. Si vous êtes croyant, alors les principes définis par votre religion vous guideront. Des athées se réfèrent à leur propre philosophie pour agir et s'en sortent très bien. Je ne peux concevoir que quelqu'un réussisse dans la vie sans posséder quelques principes unificateurs comme base d'action ou de pensée.

Lors de la troisième étape, vous veillez à ce que vos principes unificateurs soient compatibles entre eux. Six mois après avoir dirigé un séminaire sur la maîtrise du temps, je donnais les cours du programme complémentaire, quand l'un des participants me dit :

– J'ai deux principes unificateurs. Ce sont l'un et l'autre de grandes vérités. Pourtant, ils sont incompatibles.

Cela me surprit. En effet, je pense que toutes les vérités sont compatibles entre elles.

– Quels sont ces deux principes? m'enquis-je.

– « Avoir de l'amour-propre » et « Rester humble en toutes circonstances ». Croyez-moi, ça ne colle pas.

Est-il possible de rester humble tout en ayant de l'amour-propre? Je pense que oui. Mon élève avait confondu amour-propre et narcissisme.

Nous avons alors cherché une définition possible de ses deux principes unificateurs. Pour « Avoir de l'amour-propre » je proposai la définition suivante : « Toujours garder le sens de sa propre valeur en évaluant ses actes et dans ses relations avec les autres. » Pour « Rester humble en toutes circonstances », je proposai : « Ne jamais se conduire en égoïste, ne pas se vanter, ne pas être arrogant. Être toujours prêt à apprendre, être réaliste; avoir conscience de ses limites; minimiser ses propres succès et savoir reconnaître ceux des autres. »

Tandis que nous discutions de ces deux définitions, le jeune homme en vint à admettre que ses deux vérités étaient parfaitement compatibles. Présentez-moi quelqu'un qui possède à la fois amour-propre et humilité et je vous dirai : voilà un individu qui est parvenu à maîtriser parfaitement le temps. Abraham Lincoln en est un exemple. Jamais il ne se serait considéré comme meilleur qu'un autre être, et jamais il n'aurait permis que l'on dise de quelqu'un qu'il valait mieux que lui. Pour lui, tous les hommes devaient être considérés comme égaux, un concept de la déclaration d'indépendance des États-Unis qu'il respectait tout particulièrement. Ainsi Lincoln était-il capable de faire preuve d'une grande humilité, tout en ayant beaucoup d'amour-propre. Par conséquent, il accomplit de grandes choses. Un homme, qui avait discuté pendant dix minutes avec lui, dit en sortant de son bureau : « Je ne comprends pas pourquoi je ne suis pas président des États-Unis. »

Quatrièmement, rédiger en quelques lignes une définition concrète de chaque principe unificateur que vous aurez choisi. Voici quelques exemples :

- *Être honnête avec moi-même et les autres.* Ne jamais me conduire en hypocrite. Me montrer ouvert et droit envers mon patron, mes subordonnés, ma famille et mes amis. Adopter un comportement loyal et parfaitement clair en affaires.
- *Subvenir aux besoins de ma famille.* Créer des liens étroits et solides avec ma femme et mes enfants. Leur montrer constamment mon amour, les respecter, faire preuve de gentillesse avec eux. Passer suffisamment de temps avec ma famille, et aider chacun à se réaliser au maximum de ses potentialités.
- *M'élever intellectuellement.* Me mettre au défi de lire des choses profondes et dans des domaines nouveaux. Rechercher les occasions de discussions qui viendraient nourrir ma quête intellectuelle. Affiner mes principes unificateurs au moyen de mes connaissances nouvelles.

Dès que vous avez rédigé vos principes unificateurs sous la forme de modes d'action et trouvé une définition concrète pour chacun d'entre eux, **il vous reste à établir un ordre de priorité dans la réalisation de ces principes. C'est la cinquième étape.** N'oubliez pas que si vous choisissez un ordre de priorité plutôt qu'un autre, cela influera grandement sur le résultat final. Je me souviens avoir placé sur ma liste de priorité « M'aimer moi-même » en A2 et « Aimer les autres autant que moi-même » en A3. Sur le conseil de l'un de mes mentors, j'avais inversé cet ordre. Eh bien, mon comportement se modifia. Je me surpris à donner à un étranger ma place préférée, près de la fenêtre, à aider les autres, et à satisfaire plus souvent aux désirs de ma femme et de mes enfants.

Il y a quelques dizaines d'années, Herman Krannert fut convoqué au Chicago Athletic Club par son patron, le président de la compagnie Sefton. Là, on lui apprit qu'il allait bientôt être nommé vice-président et membre du comité directeur. Mais pour accéder à cette promotion, il était entendu qu'il devrait voter au conseil d'administration comme le président le lui dirait. Jugeant cette offre tout à fait incongrue, Krannert démissionna. Rentré chez lui, il conta sa mésaventure à sa femme et fut surpris qu'elle vît là une opportunité pour lui de lancer sa propre entreprise. On rencontre parfois des gens optimistes, comme elle. (Je suis marié à l'une de ses optimistes depuis plus de trente ans. Et en tant que telle, ma femme, Nola, m'est d'un grand réconfort.)

– Nous n'avons pas un sou pour démarrer cette affaire, objecta Krannert.

Mais elle insista.

– Nous trouverons bien une solution, lui assura-t-elle.

Puis vint le hasard bienheureux que l'on attend en pareil cas : six membres du comité exécutif de la compagnie Sefton frappèrent à la porte de Krannert.

– Nous sommes au courant de ce qui s'est passé à l'Athletic Club, annoncèrent-ils. Nous aussi, nous avons démissionné. Curieusement, ils avaient réagi à la situation de la même manière que Krannert.

– Nous sommes venus vous dire que nous désirions créer

notre propre entreprise, et que nous voulions que vous en soyez le président.

– Il faut de l'argent pour démarrer une affaire, leur rappela Krannert. Et je ne n'ai pas un sou d'économies.

– Aucun problème, répliquèrent-ils. Nous, nous avons assez d'argent pour tenir au moins quinze jours !

Avec un capital dérisoire, Krannert et ses associés créèrent la compagnie « Inland Container » et durant les dix années qui suivirent, cette société devint l'une des mieux gérées des États-Unis.

On peut dire, rétrospectivement, que ce fameux jour, à Chicago, Krannert avait mis en balance deux principes unificateurs : « Rester intègre en toutes circonstances » et « Se montrer loyal envers son employeur », ce qu'en effet son patron attendait de lui (!). Le fait que Krannert ait privilégié le premier principe a eu d'immenses conséquences sur son avenir.

Je vous recommande de vous poser les questions suivantes avant d'établir votre liste de priorité.

1. Qu'est-ce qui compte le plus pour moi dans la vie ?
2. A la question – quelles sont les plus nobles vérités ou valeurs, auxquelles je dois me conformer ? – que me répondrait ma conscience ?
3. Dans la littérature mondiale, quels sont les ouvrages qui à mon sens, recèlent les vérités les plus élevées ?
4. Si vous ne pouviez adhérer qu'à trois ou quatre principes unificateurs, lesquels choisiriez-vous ?
5. Dans une perspective à long terme, quel serait le principe unificateur qui, dans sa réalisation, nous apporterait, à moi-même, à ma famille, à mes amis et à l'entreprise pour laquelle je travaille, la plus grande satisfaction ?
6. Dans quelle mesure souffrirais-je ou ferais-je souffrir les autres, si je n'appliquais pas l'un de ces principes unificateurs ?

7. Si j'omettais de me conformer à l'un de ces principes unificateurs, lequel, une fois occulté, mettrait réellement en danger la survie de ma morale ?

Lors de la sixième étape, vous devez évaluer vos résultats sur les dernières semaines et les mois passés, en fonction de vos principes unificateurs. Vous avez couché tous vos principes unificateurs sur le papier. Vous les avez formulés comme des modes d'actions. Vous avez trouvé une définition pour chacun d'eux. Vous avez testé leur compatibilité. Vous avez choisi comme principes, les vérités les plus nobles que vous puissiez trouver. Alors vous vous interrogez : « Ai-je vraiment réussi à me conformer à mes principes unificateurs ? » Si, par exemple, vous avez noté : « Être honnête » sur votre liste, vous devez vous poser la question suivante : « Durant ces dernières semaines, me suis-je conduit d'une manière irréprochable avec mes associés, ma femme, mes enfants ? »

Le but de cette auto-évaluation est de vous faire prendre conscience de ce que vous êtes réellement. Essayez de voir quels sont les principes unificateurs pour lesquels le cercle des valeurs se trouve le plus éloigné du cercle correspondant à votre manière d'agir.

Le plus grand défi consiste non pas à définir vos principes unificateurs, mais à vivre selon eux. Tandis que vous évaluez vos performances, vous pourriez bien trouver certains cercles très éloignés les uns des autres. Le fait de constater de tels écarts risque de vous faire souffrir dans votre amour-propre. Si vous pressentez que cela risque de vous arriver, alors commencez par ne choisir que quelques principes unificateurs, auxquels vous vous sentez capable de vous conformer. Puis ajoutez-en d'autres à votre liste, graduellement, dès que vous vous sentez à l'aise avec les premiers.

Un cadre supérieur me fit la remarque suivante, lors

d'un séminaire : « Il m'est impossible de vivre en accord avec tous mes principes unificateurs. »

Cette dame aurait pu formuler sa pensée ainsi : « Je prévois des événements que je pense ne pas pouvoir contrôler. » Moi, je crois que les gens qui décident de vivre dans la vérité et qui s'y emploient chaque jour, en planifiant soigneusement les temps, sont capables de contrôler à l'avance la plupart des événements.

Plus vos actions sont en harmonie avec vos valeurs, et plus vous atteignez à l'unité intérieure, plus vous vivez dans la réalité et plus vous savez prendre les bonnes décisions. En outre, vous disposez de davantage de temps libre qu'avant.

Des interruptions dans vos activités ne représentent plus une perte de temps. En revanche, la discordance entre vos valeurs et vos actes en est une. Mais l'harmonie entre vos principes unificateurs et votre manière d'agir, vous procure une satisfaction jamais atteinte dans aucun autre cas de figure.

La septième étape consiste à accorder vos actes à vos valeurs. La meilleure méthode pour y parvenir consiste à vous isoler chaque matin du reste du monde, pendant un laps de temps donné. Vous mettrez ce moment de solitude à profit pour vous concentrer sur vos priorités vitales. La manière d'obtenir l'efficacité maximale en vous focalisant sur vos priorités vitales, vous sera expliquée au chapitre 9.

A présent, revenons aux sept étapes qui conduisent à l'harmonie entre vos actes et vos principes unificateurs :

1. Établissez une liste des choses qui comptent le plus pour vous dans la vie.
2. Formulez chacune de vos valeurs comme un mode d'action.

3. Veillez à ce que vos principes unificateurs soient des nobles vérités et compatibles entre eux.
4. Rédigez une définition concrète de chacun de ces principes.
5. Classez vos principes unificateurs sur une échelle de valeur.
6. Faites une auto-évaluation de vos actes des semaines et des derniers mois passés, en fonction de vos principes unificateurs.
7. Faites coïncider vos valeurs et vos actes.

Si vous procédez par étapes, vous ne devriez pas rencontrer trop de difficultés. Si vous désirez utilisez avec succès le Système de Maîtrise du Temps, vous devez suivre scrupuleusement les étapes indiquées ci-dessus. Pour vous aider à y parvenir, vous trouverez des exemples de principes unificateurs dans l'annexe.

6.

LA CONTINUITÉ DANS LA PLANIFICATION DES OBJECTIFS

Toute ma vie, l'idée d'objectifs m'a intéressé, qu'il s'agisse de les planifier ou de les réaliser. Depuis le début de ma carrière, j'ai lu de nombreux ouvrages sur la manière de planifier des objectifs. J'espérais trouver dans ces livres la marche à suivre pour y parvenir, mais chaque fois, je suis resté sur ma faim. Il est couramment admis que l'on doit définir des objectifs à court, moyen et long terme, puis s'efforcer de les réaliser. Mais personne ne m'a jamais dit comment procéder pour définir des objectifs qui soient compatibles entre eux. Naturellement, j'avais compris que *long terme* signifiait « loin dans l'avenir », que *court terme* signifiait « ici et maintenant » et *moyen terme* quelque chose entre les deux. Mais je n'avais rien appris d'autre. Un spécialiste de la gestion du temps proposait de définir d'abord des objectifs à long terme. L'étape suivante consistait à se demander : « Que ferais-je, si je savais aujourd'hui que dans six mois je serais frappé par la foudre ? » La réponse à cette question était supposée vous inciter à définir des objectifs à moyen terme. Mais le fond du problème demeurait sans solution.

Par la suite, tandis que je commençais à mettre au point le Système de Maîtrise du Temps, je relus des passages du livre de John Dewey *Expérience et Éducation.* Et soudain il m'apparut que Dewey avait découvert, indirectement, la manière de planifier efficacement ses objectifs. Dewey proposait que chacune de nos expériences nouvelles s'appuie sur notre expérience passée et modifie la teneur de nos expériences futures. Il m'apparut que la même continuité pouvait s'appliquer à la planification (planifier à la lumière d'une expérience passée). Il existe une corrélation, en effet, entre les objectifs à long, moyen et court terme. Ainsi, la trame des valeurs qui constitue le tissu d'une existence entière guide nos actions au jour le jour.

Ce concept de continuité dans la planification des objectifs est un trait spécifique au Système de Maîtrise du Temps. Voici comment l'appliquer. Tout d'abord, définissez vos principes unificateurs. Parce qu'ils sont bien souvent nébuleux, trouvez pour chacun d'eux le mode d'action qui s'y rapporte. Après avoir clairement défini puis classé vos principes unificateurs par ordre de priorité, posez-vous la question suivante : « Outre mes priorités vitales, qu'est-ce que je désire obtenir, dans ma vie ? » La réponse à cette question est une liste d'objectifs à long terme. Objectifs qui doivent tous répondre, dans une certaine mesure, à certains critères bien définis. Je vous propose les critères suivants : spirituel, professionnel, matériel, social, intellectuel/culturel, physique/récréatif. Il y aura une harmonie encore plus grande dans votre planification, si vous confrontez chaque objectif à long terme avec chacun de vos principes unificateurs. Il doit y avoir cohérence dans tous les cas. Dès que vos objectifs à long terme sont définis, classés par ordre de priorité en utilisant le principe A, B, C – vous n'aurez rien dans la catégorie D, puisqu'elle correspond à une perte de temps complète – vous devez vous poser la question suivante : « Comment réaliser ces objectifs ? » Inscrivez chaque objectif en haut d'une feuille de papier, puis examinez-les un par un, en commençant par les A1, et demandez-vous chaque fois : « Comment vais-je réaliser cet objectif ? » En rédigeant les réponses à cette question, vous définissez vos objectifs à moyen terme. Tous les groupes d'objectifs à moyen terme seront ensuite classés par ordre de priorité. Vous appliquez alors la même méthode que ci-dessus et obtenez vos objectifs à court terme. Des objectifs à court terme, dérivés de vos objectifs à long et moyen terme, apparaîtront chaque matin sur votre liste d'actions à accomplir dans la journée. Il est bien évident que vous passez tous les matins entre quinze et trente minutes à planifier vos objectifs. Ces corrélations entre vos différents objectifs apparaissent sur la pyramide de la productivité individuelle (voir page 80).

Vous remarquez que lorsque nous nous élevons du niveau 1 au niveau 4, nous passons du général au spécifique. Il est essentiel d'avoir une bonne base philosophique de principes unificateurs, car elle constitue les fondations de la pyramide. Des concepts d'ordre général, tels que « Être un leader », ou « Gérer mon temps intelligemment », choisis comme principes unificateurs, confèrent une grande solidité à l'édifice entier. A partir de là, vous construisez votre pyramide, en définissant vos objectifs à long, moyen et court terme, établissant ainsi une continuité de la base au sommet.

En voici un exemple. Admettons que vous ayez pour objectif à long terme – classé A4 – « Rester en bonne santé ». Voilà une formulation bien vague, mais cela ne vous trouble pas. Après tout, il s'agit d'un objectif à long terme. Cet objectif une fois inscrit en haut d'une feuille de papier, posez-vous la question suivante : « Comment faire pour rester en bonne santé ? » Comme réponse, vous pourriez écrire : « Faire de l'exercice tous les jours. Avoir une nourriture saine. Dormir suffisamment. Faire des analyses médicales ». Combien de fois par an ? La plupart des gens d'âge moyen devraient faire un examen médical général au moins une

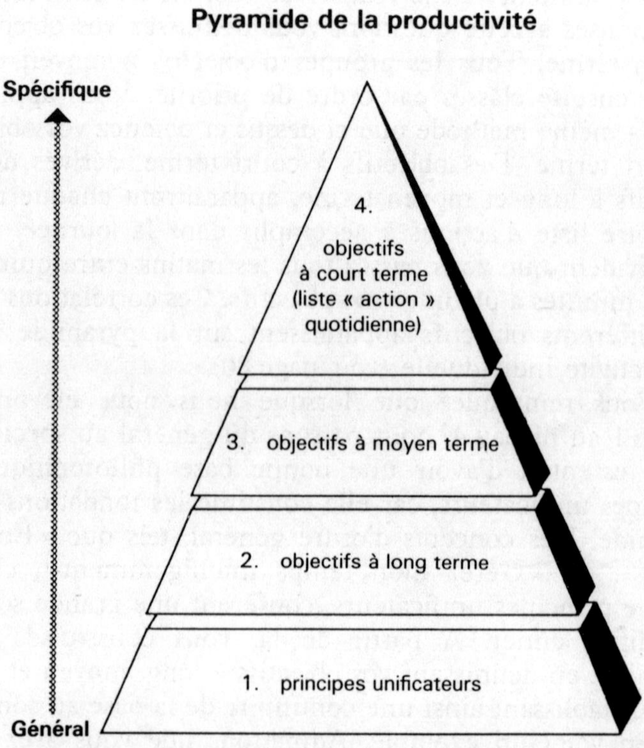

fois par an. Eh bien je n'écrirais pas « Faire un check-up chaque année » comme objectif à moyen terme, mais je choisirais un mois, et j'inscrirais, par exemple : « Faire un check-up tous les ans, en décembre. » Que faites-vous après avoir défini un objectif à moyen terme ? Vous vous reportez à votre emploi du temps quotidien, votre liste d'objectifs à court terme, et vous écrivez sur votre agenda, à la date du 1er décembre : « Prendre rendez-vous pour mon check-up annuel. » A présent, vous avez établi une continuité entre votre objectif à long terme « Rester en bonne santé », votre objectif à moyen terme « Faire un check-up tous les ans au mois de décembre » et votre objectif à court terme « Prendre rendez-vous pour mon check-up annuel ».

Pour bien comprendre ce concept de continuité, n'oubliez pas que les objectifs à long terme sont les premiers objectifs que vous vous fixez, après avoir défini vos principes unificateurs. Certains de ces objectifs seront réalisés en deux mois, d'autres ne peuvent l'être qu'au bout de vingt ans. Le temps qu'il vous faudra pour les réaliser importe peu. Ce qui compte avant tout, c'est que vos objectifs soient toujours compatibles avec chacun de vos principes unificateurs.

Tandis que vous déterminez quels sont vos objectifs dans la vie, vous devez passer par les sept étapes suivantes :

Premièrement, vos objectifs doivent rester dans le cadre de vos principes unificateurs. Ainsi vous aurez l'assurance que vos objectifs ne vont pas à l'encontre de votre système de valeurs.

L'auteur Dian Thomas est le parfait exemple d'une personne qui a su faire coïncider ses valeurs et ses objectifs personnels. Dian est la fille d'un garde forestier. Elle a grandi dans les forêts des montagnes Wasatch, dans l'Utah et vécu à la dure pendant toute son enfance. Dian avait comme valeurs, entre autres, d'aimer son prochain et de s'épanouir en vivant dans les montagnes. S'appuyant sur ces deux principes unificateurs – et peut-être sur d'autres –, elle se fixa un objectif à long terme : « Écrire un livre sur le sujet suivant : comment aider les gens qui ont du mal à vivre à la dure, à jouir de la vie au grand air. » Cet objectif défini en harmonie avec ses valeurs, Dian écrivit un best-seller « sur le sujet * » et d'autres ouvrages très populaires.

* *Roughing it Easy.*

Deuxièmement, ne vous fixez que des objectifs dans la limite de vos possibilités. Soyez honnête avec vous-même. Soyez réaliste. Vous ne pourrez réaliser un objectif simplement parce que vous l'aurez inscrit sur une feuille de papier. Mais si vous croyez sincèrement pouvoir accomplir quelque chose, alors vous y arriverez. La foi est l'assurance du succès. Si vous êtes réellement persuadé de pouvoir réussir, alors vous pouvez foncer. Vous avez clairement conscience de vos capacités et vous ne vous éloignez pas de la réalité.

Je vous citerai en exemple l'histoire de Charles M. Leighton. En 1969, il décida, avec deux associés, de créer un holding, le groupe CML. Leur capital personnel ne s'élevait qu'à 200 000 francs. Ils se fixèrent pour objectif de détenir 50 % des parts de la société, tout en vendant pour 10 millions de francs les 50 % restant. Cela vous semble irréaliste, n'est-ce pas, d'être propriétaire d'une affaire à 50 %, tout en n'ayant investi au départ, qu'une somme correspondant à 2 % du capital ? Mais Leighton, lui, savait d'une manière réaliste, ce qu'il était capable d'accomplir. En effet, il avait fait passer les ventes du département dont il avait la charge chez son ancien employeur, de 5 à 35 millions de francs en trois ans. Confondus par l'évidence de sa réussite, les investisseurs extérieurs le suivirent dans son aventure, et lui permirent de réaliser son ambitieux objectif.

Que se passe-t-il dans le cas où vos objectifs ne sont pas en rapport avec la réalité ? Lors de l'un de mes séminaires, un homme me dit, mélancolique : « Charles, depuis l'âge de douze ans, j'ai décidé de devenir médecin. Alors j'ai essayé de rentrer dans une bonne vingtaine d'universités et je me suis fait recaler à chaque fois. »

Cet étudiant était d'un niveau très moyen. En s'acharnant ainsi à changer d'école à plusieurs reprises, il avait occulté le fait qu'il s'était déjà fait recaler de nombreuses fois. Il avait fermé les yeux sur des événements passés – ses échecs successifs – et décidé de contrôler des événements à venir – ses succès futurs, fort improbables au demeurant. Il avait perdu le contact avec la réalité. Il avait nié l'évidence. Il s'était confronté à une situation qu'il pensait pouvoir contrôler quand en réalité il en était incapable. Je le persuadai de choisir une profession qui lui offrirait les mêmes satisfactions que celle de médecin. Il m'écrivit deux ans plus tard pour m'annoncer qu'il travaillait dans une compagnie fabriquant du matériel chirurgical et qu'il était très heureux.

Troisièmement, vous devez inscrire chacun de vos objectifs sur une feuille de papier. Pourquoi ? Pour donner une réalité à votre engagement, un caractère d'urgence encore plus grand. Pour l'étudier, l'analyser. Plus vous aurez l'un de vos objectifs sous les yeux, et plus vous aurez de chances de le réaliser. Formulez-le de la manière la plus concise possible. Quelques mots suffisent.

Vous ne pouvez réaliser plusieurs objectifs simultanément sans les écrire. Jérôme Bruner, dans son étude sur la connaissance à l'université d'Harvard, *Vers une théorie de l'instruction,* raconte que le cerveau ne peut assimiler plus de sept idées simultanément. Moi-même, je n'ai aucune difficulté à mémoriser un numéro de téléphone à sept chiffres tout en le composant. Mais ajoutez un code étranger à un numéro qui ne m'est pas familier, et je perds les pédales. Eh bien ce principe s'applique aussi bien à la rédaction des objectifs. Chacun possédant plusieurs variables, il serait impossible de les mémoriser sans les écrire.

Imaginons que vous ayez deux objectifs de vacances : « Je veux passer deux semaines à Hong Kong » et « Je veux passer deux semaines à Londres ». Ces deux objectifs sont aussi importants pour vous l'un que l'autre, mais hélas, vous ne pouvez en réaliser qu'un. Tandis que vous tentez de faire votre choix, apparaissent plusieurs arguments en faveur de l'une ou l'autre destination. Si vous les notez sur une feuille de papier, cela vous aidera à choisir le voyage qui, en fin de compte, vous offrira les satisfactions souhaitées.

Aussi, écrivez vos objectifs sur une feuille de papier, mais ne les gravez pas dans la pierre. Poursuivez-les comme si votre vie dépendait de leur réalisation. Focalisez-vous sur eux, mais restez réceptifs à toutes les informations nouvelles que vous pourriez glaner çà et là.

Voici un exemple. Durant un déjeuner, lors de l'un de mes séminaires sur la Maîtrise du Temps, à Seattle, je me retrouvai assis à côté d'un pilote de ligne. Alors que nous parlions de son programme de vols entre Seattle et Washington D.C., il m'apprit que ses plans de vol étaient modifiés par rapport à la ligne initiale dans 5 % des cas. Supposons donc que vous soyez dans l'avion qui va de Seattle à Washington D.C. Le Boeing 727 est rempli de passagers et le plan de vol – l'objectif du pilote – est établi. Alors que l'avion survole l'Indiana, le commandant de bord reçoit un appel radio de l'aéroport de Dulles, l'un des aéroports de Washington : « Une tornade tout à fait inattendue vient de se déclarer ici. Posez-vous à Pittsburgh. » Mais l'objectif du commandant de bord étant fixé, et cet homme poursuivant toujours ses objectifs avec une volonté inébranlable, il répond : « Pas question. Je ne changerai pas mon plan de vol. Prévenez les pompiers. Je me pose à Washington, comme prévu. » Aimeriez-vous voyager avec un tel pilote ?

En conclusion, vous devez poursuivre vos objectifs comme si votre vie en dépendait, mais avoir également la sagesse de les modifier en fonction de certaines circonstances. La faculté d'adaptation est une qualité essentielle à tout être humain.

Quatrièmement, fixez-vous des objectifs aussi précis que possible afin de pouvoir évaluer vos résultats d'une manière tout aussi précise. Dès que vous en arrivez au stade des objectifs à court terme, inscrits dans votre planning quotidien, vous devriez pouvoir les réaliser en quelques heures.

Le fait de dater vos objectifs est un excellent moyen d'évaluer vos résultats. Au lieu d'écrire : « Nous posséderons une grande maison », écrivez plutôt – si vous vous sentez prêt à prendre un tel engagement : « A telle date, nous serons propriétaires d'une maison de style colonial de quinze pièces. »

Toutefois, il y a certains objectifs qu'on ne peut dater, tels que : « Je ferai de l'exercice tous les jours. » Il s'agit d'engagements réguliers, quotidiens, hebdomadaires, etc. Lorsque vous couchez un tel objectif sur le papier, fixez-vous une date de départ – « Le 6 avril, je commencerai un jogging matinal », mais aucune limite dans le temps. Ceci vous donne un point de référence pour évaluer vos résultats.

Imaginez que vous formuliez un objectif comme suit : « J'apprendrai à piloter. » Voici quelque chose de bien imprécis. Quand apprendrez-vous à piloter ? Et sur quel engin ? Quelles sont les capacités requises dans ce cas ? Le quoi, le quand, le pourquoi, et le comment sont des notions très importantes dans la planification des objectifs. Après avoir soigneusement étudié un tel objectif, si vous décidez de le placer dans la catégorie des priorités A, vous devriez le reformuler comme suit : « A telle date, j'aurai obtenu mon brevet de pilote pour voler sur un Cessna 152. » Voici un objectif précis.

Après avoir couché vos objectifs à long et moyen termes sur le papier, réexaminez-les un par un, et reformulez-les de la manière la plus précise possible. Un étranger qui les lirait devrait comprendre exactement de quoi vous parlez.

Après vous être fixé l'objectif à long terme d'apprendre à piloter, inscrivez-le sur une feuille de papier, puis posez-vous la question suivante : « Comment vais-je y parvenir ? » Établissez alors une liste d'objectifs à moyen terme, tels que : « A telle date, je commencerai à suivre les cours de l'école de pilotage », « A telle date, je subirai l'examen médical requis pour passer l'examen de pilote », puis « A telle date je volerai seul ».

La semaine suivante, relisez vos objectifs et demandez-vous comment vous allez passer à l'étape des objectifs à court terme. Vous pourriez décider, par exemple, de chercher le meilleur instructeur de l'école de pilotage. Et vous pourriez noter sur votre agenda : « Réussir à repérer le meilleur instructeur avant vendredi. »

A présent, vous avez établi une continuité entre votre objectif à long terme – obtenir un brevet de pilote –, votre objectif à moyen terme – commencer à suivre les cours de l'école de pilotage – et votre objectif à court terme – choisir le meilleur instructeur de l'école de pilotage. Tout ceci a été formulé d'une façon suffisamment précise pour que vous puissiez juger facilement des résultats obtenus.

Cinquièmement, veillez à ce que tout objectif fixé soit réellement le vôtre. Il y a de meilleures chances que vous réalisiez un objectif, si vous avez le sentiment qu'il vous est propre. Par conséquent, lorsque l'on définit des objectifs au sein d'une organisation, il serait préférable que les personnes chargées de les réaliser aient pris part à la planification de ces objectifs, plutôt que d'avoir l'impression que le comité directeur les leur impose.

Sixièmement, recherchez l'aide appropriée à la réalisation de vos objectifs. Vous ferez certainement appel aux autres pour vous aider à résoudre le quand, le quoi, le comment et le pourquoi de vos objectifs. Et votre pouvoir de réalisation sortira grandi du fait que vous utiliserez les autres comme une extension de vous-même. Bien souvent, ils peuvent vous aider à recueillir des informations et à les mettre en pratique.

En dernier lieu, posez-vous la question suivante : « Suis-je vraiment décidé à payer le prix pour obtenir ce que je veux ? » Il vous semblera très amusant d'anticiper un événement et de le contrôler. Mais le prix à payer, ce sera toutes ces autres choses agréables – y compris des projets d'importance vitale – auxquelles vous devrez renoncer pour réaliser votre objectif. L'efficacité maximale ne sera atteinte que dans ces conditions-là. En effet, on reconnaît un bon gestionnaire du temps, dans sa capacité à se focaliser sur ses priorités « les plus » vitales, et à les accomplir.

Quelques années après la parution de son livre cité plus haut, Dian Thomas participa à un séminaire sur la Maîtrise du Temps, à Detroit. Je lui demandai à cette occasion : « Cela vous a-t-il coûté cher d'arriver là où vous êtes ? »

– J'ai adoré mon travail, Charles, répondit-elle. Ce fut un plaisir que de suivre les objectifs que je m'étais fixés. Mais je n'ai pas mis les pieds chez moi pendant cinq semaines.

Y a-t-il un danger à se fixer trop d'objectifs ? Je crois que oui. J'ai vu certains de mes élèves réaliser pas moins de quatre objectifs à long terme en six semaines, tandis que d'autres venaient péniblement à bout de deux objectifs à moyen terme dans le même laps de temps. Mieux vaut ne pas vous fixer une tâche au-dessus de vos moyens. Il est préférable de s'engager à réaliser peu d'objectifs et les réussir, que de s'en fixer trop et d'échouer.

7.

LES OBJECTIFS PERSONNELS

Jusqu'ici nous vous avons donné la marche à suivre pour établir la liste de vos objectifs : définir vos valeurs, vos principes unificateurs, qui feront office de fondations à votre pyramide de productivité personnelle. Sur cette base, vous établirez vos objectifs à long terme. A partir de ceux-ci, vous définirez vos objectifs à moyen terme, desquels découleront vos objectifs à court terme.

Tandis que vous établissez la liste de vos objectifs, ne vous inquiétez pas trop de la manière dont vous rédigez cette liste. Arrivé à ce point, demandez-vous simplement : « Outre mes principes unificateurs, qu'est-ce que j'attends vraiment de la vie ? Qu'est-ce qui doit changer en moi-même et dans mon environnement ? Que voudrais-je acquérir ? »

Tout en couchant vos objectifs personnels à long terme sur le papier, rêvez un peu. Laissez votre esprit vagabonder. Ne vous censurez pas. N'oubliez jamais que vous avez toute votre vie devant vous pour réaliser ces objectifs. Si au fond de vous-même, vous éprouvez le désir de faire le tour du monde, eh bien n'hésitez pas à le noter. Si vous désirez faire quelque chose que les autres trouvent bizarre – tel que grimper à pied au sommet de la tour Eiffel – et si cette pulsion est compatible avec vos principes unificateurs, eh bien, inscrivez-la sur votre liste d'objectifs. Testez votre esprit d'indépendance. Un souhait ne signifie pas grand-chose tant qu'il n'a pas pris la forme d'un objectif à atteindre. Espérer, c'est un peu comme pêcher sans hameçon.

Tenez compte de vos centres d'intérêt majeurs : Ce que vous aimez faire, ce que vous pensez que vous aimeriez faire dans l'avenir, comment vous pourriez employer vos talents au service des autres, tout en vous épanouissant. Pensez loin. Mais restez réaliste. D'un côté, vous refusez de vous laisser prendre au piège de rêves irréalisables, et de l'autre vous craignez de ressembler à ces gens qui baissent les bras d'emblée, persuadés qu'ils ne peuvent contrôler tel ou tel événement, alors qu'ils en sont parfaitement capables, en réalité. Comment échapper à ces deux extrêmes ? Voyez grand. Élargissez le champ des événements que vous pouvez contrôler. Leur nombre importe peu. Seul le résultat compte. Il vaut mieux, pour votre amour-propre, vous fixer peu d'objectifs et les atteindre, que d'établir une longue liste de priorités impossibles à accomplir.

Rares sont les gens qui définissent leurs objectifs majeurs d'une manière systématique et qui les réalisent. Je pense que la raison de cet échec est que nous répugnons à sortir de notre espace de sécurité.

Je m'explique. Si l'on vous demandait quel est l'endroit du monde où vous vous sentez le plus en sécurité, que répondriez-vous ? La majorité des gens répondent : « Chez moi, à la maison. » C'est ce que je dirais aussi. Pour certains, c'est le bureau. Pour d'autres, un coin de pêche particulier, un terrain de golf, ou même la maison d'un ami. Chacun d'entre nous pourrait citer un endroit précis, qui représente son espace de sécurité. Tandis que vous établissez la liste de vos objectifs, ne perdez jamais de vue ces deux principes de base du fonctionnement de l'être humain : premièrement *nous gravitons tous autour de notre espace de sécurité.* Deuxièmement, *quand nous ne pouvons plus rejoindre notre espace de sécurité, nous le recréons ailleurs.*

Il y a quelque temps, je dirigeais un séminaire sur la Maîtrise du Temps, auquel participaient plusieurs administrateurs d'un pénitencier de Californie. A l'heure du déjeuner, l'un d'entre eux, qui avait passé sa vie dans les prisons, me dit : « Charles, je suis convaincu que si les murs de la prison de Saint-Quentin s'écroulaient, il n'y aurait pas la moitié des prisonniers qui en profiteraient pour s'échapper. » Puis il me conta l'histoire de ce détenu qui avait passé trente ans derrière les barreaux. Quelques jours après sa libération, il vint frapper à la porte de la prison. Il voulait revenir. Ce pénitencier était l'endroit où il s'était forgé une identité. Le monde extérieur représentait pour lui la zone d'insécurité.

Nous connaissons des gens sécurisants : nous les appelons nos amis. Il serait préférable que vous vous sentiez également en confiance avec votre patron. Nous avons tendance à rechercher des pensées rassurantes. Le fait de manger certains mets plutôt que d'autres nous procure un sentiment de réconfort. Le fait de se cantonner dans son espace de sécurité s'applique à tous les petits détails de la vie.

Se fixer un objectif et travailler à le réaliser, c'est quitter son espace de sécurité. Vivre et lutter pour quelque chose d'insécurisant aujourd'hui peut en faire quelque chose de sécurisant demain.

Prenons un exemple. Il y a probablement un thermostat quelque part dans votre maison ou dans votre appartement. Si vous rentrez chez vous et que vous vous dites : « Ouah! Il fait un froid de canard ici! », vous augmenterez probablement le chauffage de 10°. Ainsi votre espace deviendra chaud et confortable. Sécurisant.

La jauge de ce thermostat a quelque chose à voir avec nos objectifs. Je vous recommande de prendre le contrôle de la jauge de votre vie et de la pousser, non pas de 20 à 30° – 30° est la température propice pour s'écrouler dans un fauteuil et regarder la télévision – mais de 20 à 40°. N'allez pas jusqu'à 50° : vous cuiriez. Mais augmentez la vapeur au moins jusqu'à 40°. En d'autres termes, fixez-vous de grands objectifs, qui vont vous inciter à vous démener. Certains d'entre eux sont peut-être situés très loin dans l'avenir, mais peu importe. La seule chose qui nous maintienne en vie, ce sont nos projets. Alors, poussez cette manette jusqu'à 40° et que ça chauffe pour vous!

Dans le processus d'anticipation qui consiste à définir ses principes unificateurs et ses objectifs, on s'éloigne de son espace de sécurité. Et tandis que vous œuvrerez à la réalisation de vos objectifs, vous vous trouverez en dehors des limites de votre zone de sécurité. Plus grand est le défi, plus loin vous vous retrouverez propulsé hors de votre espace de sécurité. Et cela tant que l'aventure durera.

Avant d'établir la liste de vos objectifs personnels, vous devriez définir plusieurs catégories auxquelles les rattacher, afin d'obtenir un planning général équilibré. Nous vous avons déjà proposé les domaines suivants : spirituel, professionnel, matériel, social, intellectuel/culturel, et physique/récréatif. Fixez-vous au moins un objectif dans chacun de ces domaines.

Voici un exemple d'objectif spirituel à long terme : « Construire une solide unité familiale. » (N'oubliez pas de confronter vos objectifs à long terme à chacun de vos principes unificateurs. Tous vos objectifs doivent être compatibles avec vos valeurs les plus profondes.) Dans l'édification de votre pyramide, voici un exemple d'objectif à moyen terme : « J'aiderai chaque membre de la famille à se forger un solide amour-propre. »

Vos objectifs personnels d'ordre professionnel diffèrent des objectifs fixés par l'entreprise pour laquelle vous travaillez.

Ces derniers représentent ce que votre patron attend de vous en tant qu'employé. Dans certains cas, ceux-ci coïncideront en partie avec vos objectifs personnels d'ordre professionnel, particulièrement si vous dirigez la compagnie. Mais pensez vos objectifs professionnels comme des buts en rapport direct avec vos centres d'intérêt personnels. Ces objectifs jalonneront la voie professionnelle que vous suivrez tout au long de votre vie. En formulant vos objectifs professionnels, posez-vous la question suivante : « Que voudrais-je faire professionnellement, d'ici vingt ou trente ans ? » Voici une réponse possible : « Je serai président de la société P & Z, à telle date. » Un objectif à moyen terme comme celui-ci. « J'obtiendrai mon doctorat de gestion à telle date », pourrait vous aider à atteindre le but fixé précédemment.

Voici un exemple d'objectif financier à long terme : « Au moment de ma retraite, je posséderai une fortune de 5 millions de francs nets. » Voici un objectif à moyen terme en rapport avec le premier : « J'investirai 10 000 francs par an, dans un secteur d'investissement net d'impôts. » Si un individu respecte cet engagement pendant trente ans – et que son argent est placé à 15 % d'intérêts par an – il aura effectivement économisé 5 millions de francs au bout du compte. A 10 % d'intérêts, la somme totale atteindrait les 3,5 millions de francs.

« Acquérir des qualités d'ouverture et de sociabilité exceptionnelles », pourrait constituer un objectif social à long terme. Pour y parvenir, vous pourriez vous fixer les objectifs à moyen terme suivants : « Je me ferai un nouvel ami chaque mois », ou encore « Chaque jour, je rechercherai les occasions d'aider les gens autour de moi ».

Dans le domaine intellectuel/culturel, on pourrait trouver un objectif tel que : « Je dois m'ouvrir de nouveaux horizons intellectuels. » (Remarquez bien que je ne cite que des exemples d'objectifs à long terme d'ordre général. Nous nous trouvons encore très près de la base de la pyramide, ce qui requiert une formulation claire mais large.) Des objectifs d'ordre intellectuel plus spécifiques seraient par exemple : « Je lirai une heure par jour », ou bien, « Je parlerai couramment l'espagnol à telle date ».

L'un de mes clients, travaillant chez Eastman Kodak, et sa femme, se fixèrent l'objectif culturel à long terme suivant : « Nous voyagerons dans tous les pays du monde. » Pour y parvenir, l'épouse de mon client se fixa comme objectif à moyen terme : « Je trouverai un emploi dans une agence de voyages. » Quelques semaines plus tard, ce client m'annonçait que sa femme avait trouvé l'emploi en question et qu'ils allaient faire un voyage en Australie pour seulement 1 500 francs.

Un objectif de base, mais essentiel, d'ordre physique/récréatif pourrait être : « Rester en excellente santé. » Vous avez vu comment établir un programme de réalisation de cet objectif page 80.

Il est très important d'instaurer un bon équilibre entre les six catégories d'objectifs. Si vous ne prenez pas en compte tous les aspects de la vie, vous risquez de perdre de votre efficacité et de rompre l'harmonie inhérente à votre famille d'objectifs. L'un des artistes les plus célèbres du monde est l'exemple type de la personne qui finit par perdre toute efficacité et tout sens de l'harmonie dans la réalisation de ses objectifs. Je veux parler de Vincent Van Gogh.

Vincent Van Gogh fut un jeune homme qui échoua dans tout ce qu'il entreprit. Il fut pasteur de l'église hollandaise réformée, mais fit de graves erreurs et perdit sa chaire. Il demanda successivement trois jeunes femmes en mariage, qui toutes trois déclinèrent sa proposition. A vingt-sept ans, au comble du désespoir, il se saisit d'un pinceau et commença à peindre. Son frère Théo possédait une boutique dans laquelle il vendait des dessins et des estampes. Il encouragea

Vincent à peindre, mais sans savoir que les premiers résultats obtenus par le jeune peintre n'étaient pas très concluants. Finalement, Vincent quitta la Hollande et s'installa deux ans à Paris, où il fréquenta les « géants » de l'époque, quelques-uns parmi les plus grands impressionnistes.

Puis il décida de changer de décor et d'ambiance; il partit pour Arles, dans le sud de la France. Là, dans la solitude la plus totale, il commença à peindre dans le style que nous lui connaissons.

Ayant pris la décision de devenir peintre – un grand peintre – Vincent confia à Théo son intention de se consacrer « exclusivement » à la peinture. Son frère accepta de subvenir à ses besoins tant qu'il ne vendrait pas suffisamment de tableaux pour subsister. En réalité, Théo entretint Vincent jusqu'à la fin de sa vie. En effet, celui-ci ne devait vendre qu'un seul tableau dans toute sa carrière. Et encore, on ne lui acheta cette œuvre que pour 400 francs et ce durant les six derniers mois de sa vie.

Nous nous fixons fréquemment pour objectifs de ne « pas » faire certaines choses, ainsi que le fit Van Gogh. Quand il décida de se consacrer exclusivement à la peinture, il privilégia le domaine intellectuel/culturel, au détriment de tous les autres. Il ne s'inquiéta pas de ses besoins matériels et ne soigna pas sa santé. Il lui arrivait de sauter plusieurs repas d'affilée afin d'économiser de l'argent pour s'acheter des toiles et des tubes de couleurs. Il n'accordait que peu d'importance à toutes considérations sociales. Il en vint à négliger la sphère spirituelle de sa vie. Quant à parler de préoccupations d'ordre professionnel... Se préparait-il à agir avec un maximum d'efficacité ? Absolument! Mais ne prenant en compte qu'un seul des aspects de la vie, il se lança dans une expérience incongrue.

Possédant un talent extraordinaire, Vincent Van Gogh était capable de faire un tableau en une heure. Néanmoins, un jour, parvenu à un point de frustration extrême, il se coupa un morceau d'oreille, le glissa dans une enveloppe, et l'envoya à une amie prostituée. On l'enferma pendant deux ans et demi dans un asile d'aliénés. Durant les onze années de sa carrière, il ne produisit pas moins de six cents œuvres. Pourtant, à l'âge de trente-sept ans, incapable de supporter plus longtemps la vie disharmonieuse qu'il menait, il se tira trois balles dans la tête et mourut trois jours plus tard. Si Van Gogh avait instauré une meilleure harmonie dans sa vie et se fixant des objectifs de nature différente mais compatibles entre eux, peut-être aurait-il vécu aussi longtemps que Pablo Picasso, lequel mourut à quatre-vingt-douze ans, en laissant des milliers de tableaux derrière lui.

Se focaliser sur un seul objectif au détriment de tous les autres est ce que j'appelle souffrir du syndrome de Van Gogh. Les stakhanovistes en sont atteints, en ce sens qu'ils se concentrent exclusivement sur leur travail, ignorant leurs obligations d'ordre familial ou autre. Il s'agit là d'une attitude à bannir, si l'on désire gérer son temps efficacement. Définir vos principes unificateurs, vos objectifs à long terme, puis les classer par ordre de priorité sans perdre de vue les six domaines de la vie auxquels ils appartiennent, est la meilleure manière de se concentrer sur la réalisation des choses qui vous tiennent le plus à cœur. Voici un défi que nous vous lançons, mais nous allons vous proposer une méthode qui vous permette de garder le contrôle de tout cela.

S'engager à bien gérer son temps, c'est s'engager, bien sûr, à exceller dans toutes les actions que nous entreprenons. Il y a quelques années, lors d'un séminaire sur la Maîtrise du Temps, l'un des participants me dit, tout excité :

– Charles, nous avons des critères de rendement très précis dans notre société.

– Je m'en fiche complètement, lui rétorquai-je.

– Mais que me dites-vous là ? Vous ne croyez donc pas aux normes de productivité ?

– Absolument pas, répondis-je. Je ne peux accepter cela.

– Charles, vous êtes complètement à côté de la plaque. Depuis des années, nous appliquons les normes de rendement au management.

– Il n'y a qu'un critère auquel je crois, lui expliquai-je, c'est le critère de qualité.

– Peut-être ne parlons-nous pas de la même chose, remarqua-t-il.

– Effectivement. Les critères de rendement et les critères de qualité sont deux choses différentes.

Si un objectif classé A1 ne contient pas la promesse d'une réalisation excellente, vous pouvez le rayer de votre liste. Votre engagement à poursuivre un objectif, doit par conséquent répondre à ces critères de qualité. Walt Disney, cité dans le livre de Bob Thomas *Walt Disney : an American Original,* a dit un jour : « Je ne me préoccupe pas de savoir si un projet est cher ou non. Je me demande seulement s'il est bon. S'il est suffisamment valable, alors le public vous paiera en retour. »

Maîtriser son temps revient à exceller dans toutes ses actions. Si vous avez un contrôle total sur des événements cohérents, alors vous êtes sur la meilleure voie possible, celle où vous excellerez dans tout ce que vous entreprendrez. Le défi que je vous lance, pour planifier et réaliser vos objectifs, c'est de vous montrer exigeant avec vous-même, de vous fixer des critères de la plus haute qualité. Je puis vous assurer qu'ainsi vous ne serez pas déçu de l'aventure.

On nous a toujours dit qu'il y avait deux manières de faire les choses : la bonne et la mauvaise. Mais il en existe une troisième : la « très » bonne manière. La bonne façon de discuter avec quelqu'un, c'est de l'écouter et de lui répondre intelligemment. Mais la très bonne manière de converser avec un interlocuteur c'est de lui donner l'impression qu'il est la personne la plus importante au monde.

De ces trois manières d'agir, laquelle prend le plus de temps : la très bonne, la bonne ou la mauvaise ? Une personne qui emploie la mauvaise méthode pour faire quelque chose, devra recommencer. La mauvaise manière d'agir est donc celle qui prend le plus de temps. Entre la bonne et la très bonne, c'est presque toujours cette dernière qui vous demandera plus de temps. L'exigence de qualité peut vous coûter cher en terme de temps. Il est impossible que vous atteigniez la quasi-perfection dans la réalisation de tous vos objectifs. Néanmoins, vous pouvez les classer par ordre de priorité, selon la méthode que nous enseigne le Système de Maîtrise du Temps. Voici vos objectifs : A1, A2, A3, B1, B2, B3, C1. Vous cherchez à accomplir chacun de ces objectifs le mieux possible. Pour ma part, j'approuve la méthode employée par les athlètes de niveau olympique : ils se battent contre leurs propres records, cherchant sans cesse à les améliorer.

Dès que vous avez déterminé quel est votre objectif majeur, concentrez-vous encore plus sur lui que sur les autres. Vous passerez plus de temps à le réaliser de la très bonne manière que de la bonne manière, mais cela est justifié. En effet, la plus grande de vos priorités vitales est l'événement que vous devez réussir à contrôler avant les autres. Vous n'accorderez certes pas la même importance à vos autres objectifs. Néanmoins, cette méthode vous donne le pouvoir d'agir d'une façon simple, efficace, et vous laisse toute latitude pour faire régner l'harmonie parmi votre groupe d'objectifs.

Page suivante, vous trouverez un exemple de tableau qui vous aidera à classer vos objectifs personnels à long terme. Inscrivez ce que vous aimeriez faire tout au long de votre vie sur votre liste d'objectifs. N'oubliez pas qu'à ce stade il s'agit d'objectifs généraux.

Dès que vous avez établi la liste de vos objectifs à long

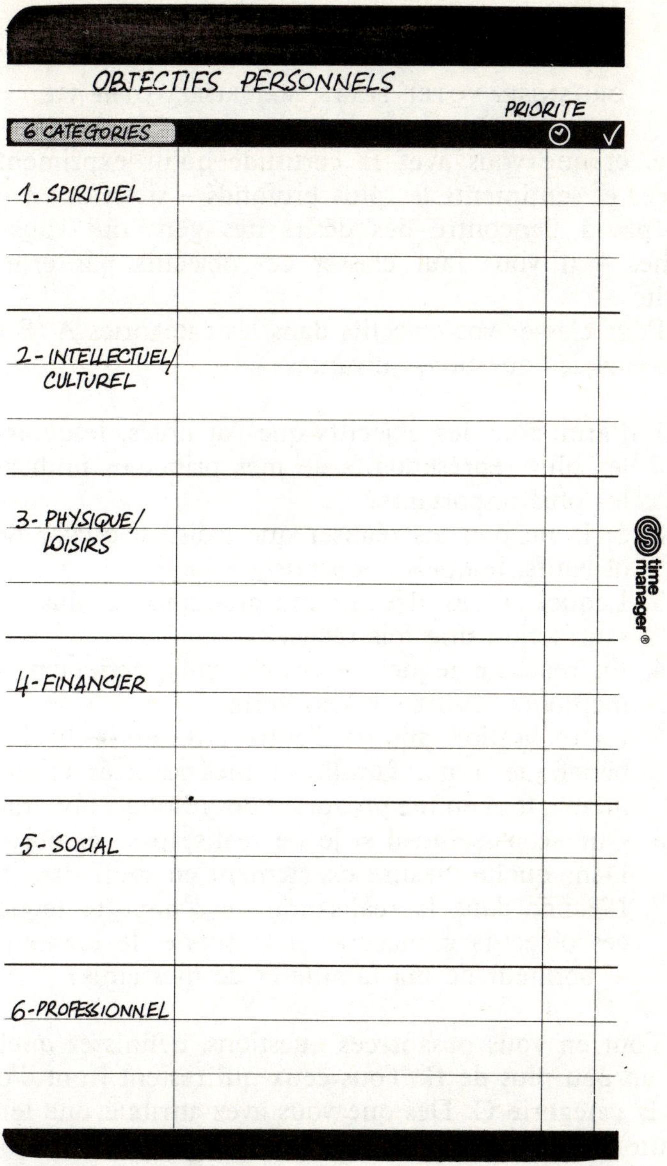
OBJECTIFS PERSONNELS

PRIORITE

6 CATEGORIES

1- SPIRITUEL

2- INTELLECTUEL/ CULTUREL

3- PHYSIQUE/ LOISIRS

4- FINANCIER

5- SOCIAL

6- PROFESSIONNEL

time manager®

Lorsque vos objectifs personnels à long terme, ci-dessus, sont rédigés, affinés et classés par ordre de priorité, inscrivez chacun d'eux en haut d'une feuille de papier et posez-vous la question suivante : « Comment puis-je atteindre cet objectif ? » Cette question vous amènera à développer des objectifs à moyen terme spécifiques. Les objectifs à long et moyen termes seront inscrits sur des fiches au début de votre agenda-classeur. Chaque jour, en élaborant votre liste « action » par ordre de priorité, vous construirez votre pyramide de productivité.

terme, et que vous avez la certitude qu'ils expriment vos pensées et sentiments les plus profonds – si en outre ils ne vont pas à l'encontre des désirs des gens qui vous sont proches – il vous faut classer ces objectifs par ordre de priorité.

Pour classer vos objectifs dans les catégories A, B et C, posez-vous les questions suivantes :

1. Parmi tous les objectifs que j'ai notés, lesquels sont les plus représentatifs de mes principes unificateurs les plus importants ?
2. Si je ne pouvais réaliser que trois ou quatre de ces objectifs, lesquels choisirais-je ?
3. Lequel de ces objectifs me procurera la plus grande satisfaction une fois réalisé ?
4. En réalisant lequel de ces objectifs, obtiendrai-je les meilleurs résultats à long terme ?
5. La réalisation duquel d'entre eux sera-t-elle la plus bénéfique à ma famille, à mes associés et à moi-même, tout en me procurant des résultats honorables ?
6. Que se passera-t-il si je ne réalise pas ces objectifs ? Dans quelle mesure exactement en souffrirais-je ?
7. L'échec dans la réalisation de n'importe lequel de ces objectifs menacerait-il la survie, le bien-être ou le bonheur de ma famille et de mes amis ?

Tout en vous posant ces questions, définissez quelques A et un peu plus de B. Tous ceux qui restent iront d'office dans la catégorie C. Dès que vous avez attribué une lettre à chacun de vos objectifs, affinez votre choix. Sélectionnez votre objectif le plus vital parmi les A et désignez-le sous l'appellation A1. Puis désignez un A2. Et ainsi de suite. Respectez la règle selon laquelle une liste d'objectifs ne peut comporter plus d'un A1, d'un A2, et d'un A3. Et de même pour les catégories B et C. Bien que vous puissiez rattacher ces objectifs à six domaines différents – spirituel, intellectuel, etc. – vous ne pouvez avoir plus d'un A1. Dès que vous avez effectué ce travail et classé vos objectifs selon des priorités A1, A2, etc., rassemblez tous vos efforts pour réaliser ces objectifs A1 et A2. Les autres suivront, seront réalisés en leur temps, mais jamais au détriment des plus importants d'entre eux.

Tandis que vous établissez votre liste d'objectifs à long terme, confrontez-les un par un à vos principes unificateurs. Car il doit exister une harmonie entre vos valeurs et vos objectifs dans la vie. Il pourrait être intéressant pour vous, de revoir vos objectifs chaque année, durant la première semaine de janvier. Les fêtes de fin d'année seront derrière vous, et les gens de votre entourage parleront de leurs résolutions pour commencer la nouvelle année.

L'une des activités les plus excitantes, que nous puissions jamais avoir, consiste à prévoir les événements que nous pourrions bien contrôler dans l'avenir. Planifier des objectifs peut être un effort à accomplir en équipe; un mari, une femme, vos enfants, ou quiconque autour de vous, peuvent être impliqués dans cette tâche. S'aider les uns les autres à définir et à réaliser nos objectifs fait partie du processus qui consiste à créer l'harmonie dans notre vie et à acquérir l'efficacité maxima dans toutes nos actions. Andrew Carnegie a défini son principe de l'intelligence supérieure, comme « l'alliance de deux intelligences travaillant en parfaite harmonie à la réalisation d'un objectif clairement défini ». Travailler en équipe à la réalisation de nos objectifs peut augmenter notre efficacité.

8.

LES OBJECTIFS LIÉS À L'ENTREPRISE

Avant de définir ces objectifs, vous devez vous demander ce que l'on attend de vous en échange de votre salaire. Moi, par exemple, je dirige une société qui a pour objet d'enseigner aux gens à bien gérer leur temps. J'ai identifié cinq catégories de tâches que l'on me paye pour mener à bien. De même que pour mes objectifs personnels, les différentes catégories dans lequelles entrent mes objectifs d'entreprise, me permettent de créer un équilibre entre ceux-ci. Voici mes différentes catégories d'objectifs :

- Développer les programmes d'études, préparer les séminaires et autres systèmes d'enseignements.
- Diriger les séminaires.
- S'occuper du budget et des aspects financiers.
- Voir le côté marketing, faire en sorte que le consommateur soit clairement informé de ce que nous avons à lui proposer.
- Disposer de bonnes ressources humaines et matérielles : s'occuper du recrutement, suivre de près les employés, organiser des séminaires pour eux, être un patron compétent, superviser les commandes de fournitures et de matériel de bureau.

Si je ne dispose pas d'objectifs dans chacune de ces catégories, il risque d'y avoir des lacunes dans mon secteur de responsabilités.

Si vous tenez compte de tous les domaines dans lesquels vous avez des responsabilités, vous pourriez définir deux ou trois catégories d'objectifs, peut-être même cinq ou six. Je vous citerai en exemple l'un des diplômés de nos séminaires, qui est le directeur des publications d'un grand musée. Il dirige un département responsable de la publication, chaque année, d'une douzaine de catalogues de l'épaisseur d'un livre, aussi bien que de brochures sur les expositions, et de documentation éducative. Quatre rédacteurs, une dactylo, quatre maquettistes, un directeur de la fabrication et cinq photographes travaillent avec lui. Avant de planifier ses objectifs, il a divisé ses responsabilités en cinq catégories :

- Publications actuelles.
- Publications futures.
- Supervision du travail du personnel.
- Relations avec les autres départements du musée.
- Relations à l'extérieur du musée avec des vendeurs, des éditeurs de revues d'art et d'autres musées.

Des objectifs professionnels à long terme ne seront pas situés aussi loin dans le futur que des objectifs personnels à long terme. En effet, on définit ces derniers dans la perspective d'une vie entière. En revanche, les objectifs à long terme liés à l'entreprise – au niveau des cadres moyens – sont généralement fixés sur une durée qui varie de un à cinq ans. Au niveau des cadres supérieurs, les objectifs jalonnent des périodes de cinq ans et plus, avec une focalisation maxima sur l'année en cours. Certaines compagnies font des projets sur vingt ans. Des projections à une telle distance dans le futur, requièrent une manière de penser et d'agir différente des projections à court terme. Si vos concurrents ont fait des projets sur cinq ans, quand vous-même vous êtes fixé des objectifs sur dix ou vingt ans, on peut considérer que vous disposez d'un avantage sur eux, mais seulement dans le cas où la planification de vos objectifs est bien menée. Cela ne signifie pas que vous respecterez point par point votre planning. Mais cela veut dire, néanmoins, que vous posez aujourd'hui des fondations plus solides que vos concurrents pour votre action à venir. Correctement conçus, clairement définis et classés, les objectifs des dirigeants de tous niveaux, peuvent assurer un maximum d'efficacité à la marche d'une société.

Il est plus difficile d'évaluer le succès au niveau directorial qu'au niveau des employés. Imaginons, par exemple, qu'un vendeur se fixe l'objectif de réaliser un chiffre d'affaires de dix millions de francs pour une année donnée. A la fin de cette année-là, on peut facilement évaluer ses résultats en fonction du bilan et des livres de comptes. Un autre exemple : un ouvrier sur une chaîne de montage doit respecter le quota suivant : fabriquer quarante transformateurs en une semaine. A la fin de la semaine, il lui est facile de voir s'il a ou non respecté le quota. Mais les résultats obtenus par un patron ne sont pas toujours aussi aisément quantifiables. En effet, un directeur de société risque de perdre de vue son objectif majeur en résolvant les problèmes relationnels existant au sein de sa société, ou en déléguant ses pouvoirs, ou en s'occupant de formation continue. Il est difficile d'évaluer quantitativement des actions d'une telle subjectivité, et un patron peut perdre de son efficacité sans une image claire de ses objectifs. Des objectifs précis et clairement définis sont donc essentiels au succès d'un directeur de société.

Définir des objectifs de société est une tâche difficile. En effet, dans de nombreux cas, plusieurs personnes se retrouvent impliquées dans la réalisation de ces objectifs.

Dans la mesure du possible, les personnes concernées devraient avoir leur mot à dire quant au choix de ces objectifs.

Après avoir défini plusieurs catégories d'objectifs – comme je l'ai fait en début de chapitre –, il convient de ranger au moins un ou deux objectifs à long terme dans chacune de ces catégories. Vous vous apercevrez certainement que certaines catégories compteront davantage d'objectifs que d'autres. Ne vous en souciez pas. La nature spécifique de votre travail vous oblige à mettre l'accent sur certaines tâches plutôt que sur d'autres. Formulez ces objectifs à long terme aussi précisément et concrètement que possible. Et, de même qu'avec vos objectifs personnels, limitez-en la formulation à une idée simple et claire, exprimée en quelques mots.

Étudiez à présent pendant quelques minutes, le tableau de la page suivante. Il s'agit des projets à long terme d'un directeur des ventes. Puis réfléchissez aux différentes catégories d'objectifs que vous choisirez, en vous aidant de la fiche de la page 108, afin d'établir un planning équilibré. Tandis que vous ferez tout cela, ne perdez pas de vue votre but : poser le cadre dans lequel vos objectifs de société apporteront harmonie, équilibre et cohérence à votre travail actuel.

Il vous faudra suivre huit étapes dans la préparation de vos objectifs de société. La plupart d'entre elles sont les mêmes que celles proposées pour l'élaboration de votre planning d'objectifs personnels.

Premièrement, ne choisissez que des objectifs qui entrent dans le cadre de vos principes unificateurs. Même dans les plus grandes entreprises, le point critique demeure le fait que chaque emploi est occupé par un individu différent. Le vieil adage selon lequel, chacun n'est qu'un simple rouage dans la machine est tout à fait inexact. Chaque emploi, et particulièrement au niveau directorial, est façonné selon les

OBJECTIFS LIES A LA SOCIETE

CATEGORIES		PRIORITE ⊙	✓
FINANCIER	VENTES 1ER TRIMESTRE ALSACE SUPERIEURES A 10 MILLIONS F	A1	
	C.A. DIVISION DROITS & LICENCES SUPERIEURES A 12 MILLIONS F.	A2	
PART DE MARCHE	DETENIR AU MOINS 17% DU MARCHÉ DE L'ENCYCLOPEDIE AU 31 DECEMBRE 1992	A3	
FORMATION	CHAQUE NOUVEAU REPRESENTANT SUIVRA UN SEMINAIRE DE FORMATION DE 5 JOURS	A6	
PROMOTION/ PUBLICITÉ	LE BUDGET PUBLICITE PRESSE POUR LES DICTIONNAIRES SERA PORTÉ A 5 MILLIONS F EN 1990	A4	
GESTION STOCKS	LES COMMANDES LIBRAIRIE SERONT EXPEDIEES DANS LES 3 JOURS	A5	

time manager®

Exemple d'objectifs à long terme pour un directeur des ventes

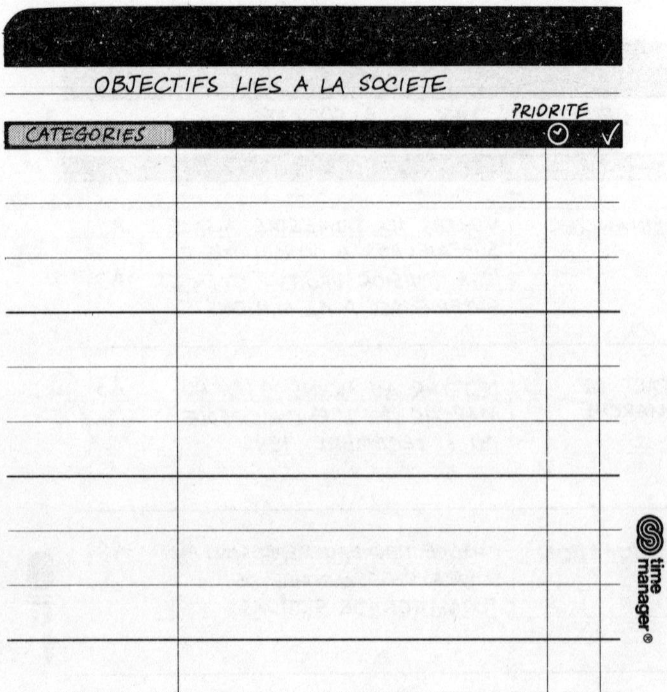

Transférez ces objectifs et les objectifs intermédiaires par ordre de priorité sur une feuille ou une fiche. Placez ces fiches au début de votre agenda-classeur. Consultez-les chaque fois que vous préparez votre liste « action » quotidienne.

valeurs et les objectifs de celui qui l'occupe. Dans les chapitres 4 et 5, nous avons expliqué ce qu'étaient les principes unificateurs. Vous n'irez pas voir votre patron pour lui faire part de vos valeurs. Néanmoins, vous devriez évaluer ce que l'on attend de vous, à la lumière de vos principes unificateurs. Vous vous apercevrez probablement que chacun d'entre eux se trouve en relation directe ou indirecte, avec ce que vous faites au bureau.

Deuxièmement, choisissez des objectifs dans la limite de vos capacités. N'oubliez pas qu'il y a des événements que vous pensez pouvoir contrôler, mais vous ne le pouvez pas, et d'autres que vous croyez maîtriser, mais vous ne le faites pas. Vous ne devez jamais perdre le contact avec la réalité. Parce que d'autres personnes sont probablement impliquées dans la réalisation de vos objectifs, ceux-ci devraient demeurer à leur portée.

Troisièmement, couchez vos objectifs sur le papier. D'une part, cela vous engage à les réaliser, et d'autre part cela vous aide à déterminer ceux qui sont prioritaires. L'idée est d'exposer clairement tous vos objectifs sous vos yeux. Les écrire sur des fiches et garder ces fiches toujours en vue dans votre agenda (voir chapitre 9), crée un caractère d'urgence lié à la réalisation d'événements de la plus haute importance que vous prévoyez de maîtriser dans l'avenir.

Quatrièmement, énoncez vos objectifs de la manière la plus précise possible. Même des objectifs à long terme devraient être définis avec une grande précision.

Cinquièmement, définissez-les de telle façon que les résultats obtenus soient mesurables. Le fait de préciser une date de réalisation peut vous y aider.

Sixièmement, veillez à ce que ces objectifs soient réellement les vôtres. Dans la planification en équipe des objectifs de société, chaque membre du groupe devrait se sentir concerné par le choix de ces objectifs.

Septièmement, recherchez l'aide appropriée. Le rôle de ceux qui vous assistent est de rassembler des informations sur le quoi, le quand, le comment et le pourquoi d'un objectif. Les efforts de l'équipe, visent à apporter une plus grande précision aussi bien qu'une plus grande simplicité à la définition de vos objectifs. Il peut s'agir d'objectifs personnels concernant le secteur dans lequel vous travaillez. Dans ce cas, les employés de ce secteur doivent pouvoir également en revendiquer la paternité. Et votre premier devoir consiste à en coordonner la réalisation.

En dernier lieu, demandez-vous si vous êtes prêt à en payer le prix. Car pour réaliser vos objectifs de société il y aura un prix à payer. Et ce prix c'est du temps, du temps que l'on n'usera pas en futilités, mais que l'on ne passera pas non plus à réaliser d'autres objectifs de catégorie A.

Dès que vous aurez établi la liste de vos objectifs de société à long terme, classez-les suivant un ordre de priorité – A, B et C –. Puis affinez votre classement. Mais n'oubliez pas que vous ne devriez avoir qu'un seul A1, un seul A2, etc.

Posez-vous les questions suivantes pour vous aider à classer vos objectifs selon l'ordre de priorité sus-indiqué :

1. Parmi toutes les idées que j'ai exprimées lesquelles sont les plus représentatives de mes principes unificateurs ?
2. Lesquelles sont les plus fidèles aux principes unificateurs de la société qui m'emploie ?

3. La réalisation duquel de ces objectifs sera-t-elle la plus utile à la bonne marche de la société?
4. Si je ne pouvais en réaliser que trois ou quatre, lesquels choisirais-je?
5. La réalisation duquel d'entre eux se solderait-elle par le meilleur résultat à court terme?
6. La réalisation desquels d'entre eux se solderait-elle par les meilleurs résultats à long terme?
7. Qu'arriverait-il si je ne réalisais pas chacun de ces objectifs? Dans quelle mesure en souffrirais-je?
8. Parmi tous ces objectifs, lequel, dans l'hypothèse où je ne le réaliserais pas, constituerait-il la plus grave menace pour moi en tant qu'employé de cette société?

Dès que vos objectifs de société à long terme sont classés par ordre de priorité, inscrivez chacun d'entre eux en haut d'une feuille de papier – ainsi que vous l'avez fait pour vos objectifs personnels. Puis demandez-vous comment vous allez, concrètement, réaliser chaque objectif. Vos réponses – pour chacun des objectifs inscrits – constitueront vos objectifs à moyen terme. Ces objectifs à long et moyen terme, une fois inscrits sur des fiches selon l'appellation « Objectifs de Société » seront placés bien en vue dans votre agenda. Basez-vous sur au moins un ou deux de vos objectifs à long et moyen terme pour établir votre planning de la journée. Cela crée une continuité entre vos objectifs. Tandis que vous faites cela chaque matin avec diligence, vous mettez peu à peu à jour ces objectifs vitaux, définis au préalable par votre patron et vous-même.

Le fait d'avoir toujours vos objectifs de société sous les yeux, dans votre agenda, vous aidera à acquérir une plus grande efficacité.

On a écrit beaucoup de choses, ces dernières années, sur la façon de diriger son entreprise en fonction d'objectifs fixés au préalable. Ce concept de base est tout à fait sensé. Hélas, dans la pratique, ce système s'est avéré inadéquat. En résumé, et d'après ce système, les membres dirigeants d'une société doivent déterminer quelle est la mission de celle-ci, par exemple : « Vendre des ordinateurs. » Puis les cadres supérieurs définissent les objectifs à poursuivre pour remplir cette mission : objectifs d'ordre financier, objectifs en rapport avec le marketing, l'innovation, les contrôles de qualité, etc.

Dès que l'on a établi la liste des objectifs généraux de la compagnie, chacun des cadres définit des objectifs pour son secteur, propres à la réalisation du projet de la compagnie. Par exemple, le directeur financier définit les objectifs budgétaires, le directeur du marketing fait des études de marché et définit les objectifs de commercialisation. Sous la direction des responsables de chaque département, on fixe les objectifs à poursuivre par le département en question. Puis à l'intérieur de chaque département, chaque secteur élabore son propre planning.

Mais qui peut revendiquer la paternité de tels objectifs? Le président de la société est responsable des objectifs généraux. Les directeurs de département ont défini les objectifs concernant leur division. Quant aux responsables de chaque secteur, ils se sont fixés des objectifs en rapport avec leur secteur. Ainsi l'on se fixe des priorités depuis le haut jusqu'en bas, sans jamais tenir compte du fait que l'on s'adresse à des individus divers auxquels il incombera la charge de réaliser des objectifs qui ne sont pas les leurs.

Je vois cinq raisons pour lesquelles ce système ne donne pas de bons résultats, dans la pratique, bien qu'il soit théoriquement cohérent.

Les objectifs définis sont trop souvent compliqués. Ils ne sont pas clairs. L'un de mes clients se promenait toujours avec un tas de feuilles volantes où étaient inscrits des centaines d'objectifs mal définis. Nombreuses sont les entreprises dans lesquelles j'ai vu un objectif défini sur une page entière, quand il aurait pu être résumé en quelques mots. En outre, les entreprises s'adressent fréquemment à des théoriciens qui n'ont aucune expérience du monde des affaires. Après leur passage, ces compagnies se retrouvent dotées d'un planning d'une incroyable complexité, assorti de diverses tactiques et stratégies plus ineptes les unes que les autres. Que d'heures précieuses n'a-t-on pas passé à tenter de voir quelle différence il existe entre un objectif et un but...

Les dirigeants n'ont pas donné aux programmes d'objectifs l'impulsion nécessaire. Parfois, la réalisation concrète des objectifs commence au niveau des cadres moyens, ou encore des simples employés, tout cela pour qu'ils voient ces objectifs bientôt remplacés par d'autres, et leur programme de réalisation sabordé.

Dans la pratique, des choses urgentes mais futiles, sont réalisées au détriment d'objectifs soigneusement préparés. Un téléphone qui sonne, un visiteur impromptu, une pile de dossiers jetés sur votre bureau et provenant d'un autre département, une nouvelle crise au niveau directorial, voilà autant de mauvaises raisons pour différer la réalisation d'objectifs précis, qui pourtant serait gratifiante pour vous.

Les objectifs de société ne sont carrément pas réalisés. Lorsqu'un directeur a défini ses objectifs et les a fait ratifier par le patron, il n'est pas rare qu'il en glisse la liste dans une chemise cartonnée – ignorant la théorie de « l'accessibilité » – et reporte son attention sur d'urgentes futilités.

Quand arrive le jour de l'entretien annuel lors duquel chacun doit faire part de ses performances, le directeur se précipite sur le dossier où il a enterré sa longue liste d'objectifs, les considère d'un air atterré et se demande : « Quand je vais me retrouver en face du patron, comment vais-je justifier le fait qu'aucun de ces objectifs n'a été réalisé ? » Que fait-il alors ? Il va voir le patron et bluffe pendant tout l'entretien. Il s'en sort très bien parce que tout le monde, y compris le patron, a bluffé sur toute la ligne.

Dans les programmes d'objectifs des entreprises, il est rare que les objectifs soient correctement classés par ordre de priorité. Durant les réunions pendant lesquelles on planifie les objectifs, les directeurs posent la question suivante : « Parmi tous ces objectifs, lesquels sont les plus importants ? » Mais lorsque l'on n'analyse pas plus avant ces objectifs, lorsqu'ils ne sont basés sur rien, « important » prend le sens d'« urgent ». Or, nous l'avons vu, les choses urgentes ne sont le plus souvent que des choses futiles.

Le Système de Maîtrise du Temps propose des solutions pratiques à chacun de ces problèmes, et ce depuis le haut jusqu'au bas de l'échelle, dans une entreprise. Non seulement, il vous permet d'éliminer toutes les choses urgentes mais futiles de votre planning, mais encore il vous aide à utiliser ce concept d'urgence pour réaliser vos objectifs vitaux. Si vous appliquez le principe de la continuité dans la réalisation de vos objectifs, si vous portez ceux-ci en bonne place dans votre agenda, alors, ces objectifs définis, puis ratifiés par le patron, seront effectivement réalisés. Ce système vous permet de classer vos objectifs par ordre de priorité. Par conséquent, votre efficacité s'en trouve accrue.

A présent, développons ce que nous avons appris à propos de l'harmonie et de la planification quotidienne des objectifs.

9.

DE L'UTILISATION DE L'AGENDA DANS LE SYSTÈME DE MAÎTRISE DU TEMPS

Le 22 novembre 1975, j'ai pris l'engagement suivant vis-à-vis de moi-même : « A partir d'aujourd'hui, et chaque jour de ma vie, je m'isolerai pendant un moment pour planifier mes objectifs en tenant compte de mes valeurs les plus profondes. » Il s'agissait là d'un engagement à vie, et je l'ai respecté à ce jour.

Tandis que vous procéderez à l'organisation de votre journée, vous découvrirez qu'il y a deux choses essentielles à la bonne gestion de votre temps : disposer *chaque matin,* d'un moment de solitude réservé à la planification de vos objectifs. Respectez en outre un certain nombre de règles afin que votre planification porte ses fruits.

Ce moment de solitude consacré à la planification de vos objectifs devra être, au minimum, de quinze à trente minutes, et situé au tout début de la matinée, lorsque vous êtes frais et dispos, prêt à respecter vos engagements. N'attendez pas l'après-midi, ou le soir pour planifier vos objectifs, car alors vous risqueriez de vous laisser engluer dans des tâches urgentes mais insignifiantes, et de perdre de vue la réalisation de vos objectifs majeurs. S'il vous arrive, de temps à autre, de pouvoir consacrer deux ou trois heures de plus à votre planification quotidienne, faites-le.

Je vous recommande, en outre, de consacrer deux périodes de temps bien distinctes à la planification des objectifs professionnels et personnels. En effet, si vous les planifiez simultanément, vous risquez de privilégier les objectifs professionnels. Or ceci créerait un déséquilibre dans votre vie. Pendant quinze à trente minutes, tôt chaque matin, préparez-vous à réaliser vos objectifs personnels à long, moyen et court terme, sans perdre de vue vos principes unificateurs. Réservez-vous une autre demi-heure, pour planifier tous les matins, au bureau, chacune de vos journées de travail et y intégrer vos objectifs de société à long, moyen et court terme.

Il y a deux sortes d'objectifs qui restent en dehors de la pyramide de productivité – les objectifs de Maîtrise du Temps et les objectifs de la « liste de réserve » –, mais cela ne signifie pas qu'ils ne soient pas importants. Les objectifs de Maîtrise du Temps sont indispensables à la réalisation de nos objectifs. On ne les classe pas, tout simplement parce qu'ils se situent au-delà de tout classement. Chaque fois que j'intègre un objectif de Maîtrise du Temps dans mon planning de la journée, je le réalise. En revanche, les objectifs figurant sur ma liste de réserve ne méritent pas d'être classés parmi mes priorités, du moins pas immédiatement. On pourrait comparer ces objectifs au foin que ramasse une tondeuse à gazon. Quand vous passez la tondeuse sur la pelouse, elle récolte toujours quelques pissenlits et quelques mauvaises herbes en plus des brins d'herbe. Ces mauvaises herbes servent de nourriture aux lapins. Mais ceux-ci feront un tri parmi ce foin. Ils mangeront certaines herbes et en rejetteront d'autres. On peut comparer ces mauvaises herbes à vos objectifs non prioritaires. Tels les petits brins de foin volant dans la tondeuse, des myriades de projets arrivent sur vous de partout. Ils pourraient bien finir à la poubelle. Aussi avez-vous besoin d'un endroit où les garder, parce qu'ils « pourraient » bien devenir importants. Cet endroit, c'est votre liste de réserve.

VOTRE AGENDA

La pyramide de productivité personnelle représente la base sur laquelle vous appuyer pour rester concentré sur vos objectifs personnels et de société, à long terme, et pour les réaliser. A présent, vous avez besoin d'un outil qui crée ce sentiment d'urgence nécessaire à la réalisation de vos objectifs, qui illustre la théorie de « l'accessibilité », qui vous serve de mémoire organisée. Vous avez besoin d'un outil pour contrôler les événements. Bref, il vous faut un agenda.

Moi, j'utilise l'agenda Time Manager dans lequel je dispose de deux pages par jour. Et je ne me sers que de celui-là, aussi bien pour mes engagements personnels que professionnels ou civiques. En outre, il n'y a aucun autre calendrier à mon bureau ou chez moi. Pas même un calendrier mural.

Vous pouvez choisir un autre agenda que le mien, mais vous devez toujours l'avoir sur vous, vous devez l'emporter partout où vous allez. On ne sait jamais quand va jaillir l'inspiration. Vous pouvez avoir une idée intéressante à n'importe quel moment. Aussi, avec votre agenda sous la main, vous est-il possible de la noter immédiatement et de la retrouver plus tard.

J'ai divisé mon agenda en cinq parties : *un classeur à anneaux, des calendriers mensuels, des calendriers quotidiens, des feuilles de principes unificateurs et d'objectifs,* et à la fin, *une partie disposant de feuillets intercalaires* dans laquelle je consigne toutes ces informations dont j'ai besoin. Cette section comprend également un répertoire téléphonique. Ces cinq parties de mon agenda me sont essentielles pour organiser mes journées selon le Système de Maîtrise du Temps.

Dans le classeur à anneaux, j'ai des feuilles de 18 cm de long sur 11 cm de large. Le diamètre des anneaux est de 5 mm. Après avoir lu ce chapitre, vous trouverez peut-être qu'un agenda plus petit, un agenda de poche, vous suffirait. Tant mieux. Je vous suggère d'utiliser l'agenda le plus petit possible qui réponde à vos besoins.

Il y a également des *calendriers mensuels* dans mon agenda, (voir page 119). Sur ces calendriers, je note tous mes rendez-vous et réunions, d'abord au crayon, et très brièvement. Par exemple j'inscrirais « Bob » et l'heure de mon rendez-vous avec lui. Le calendrier mensuel, c'est un peu le squelette de mon planning. Je n'y porterai pas les détails concernant les rendez-vous et réunions, tels que des adresses et autres informations. Mais je noterai entre parenthèses la référence qui me permettra de savoir où sont consignées ces informations afin de pouvoir les retrouver aisément.

Dans mon calendrier mensuel, j'inscris également les engagements importants qu'a pris ma femme, dans la mesure où ils interfèrent avec mon planning. Ainsi, elle et moi coordonnons efficacement nos actions. Je note également les rendez-vous des employés de notre société avec lesquels je suis en rapport direct, dans le cas où leurs engagements interfèrent avec mon programme.

Le calendrier quotidien est pour moi la partie la plus utile de mon agenda. Je dispose de deux pages par jour. La page de gauche (présentée page 120) est divisée en deux sections principales : sur la gauche on trouve la partie réservée aux rendez-vous et autres événements programmés; sur la droite la partie « à faire aujourd'hui » ou liste « action ». J'utilise cette dernière pour planifier le temps dont je peux disposer en dehors de mes rendez-vous, réunions, et autres événements programmés. La liste des activités professionnelles du jour commence en haut de la feuille et descend.

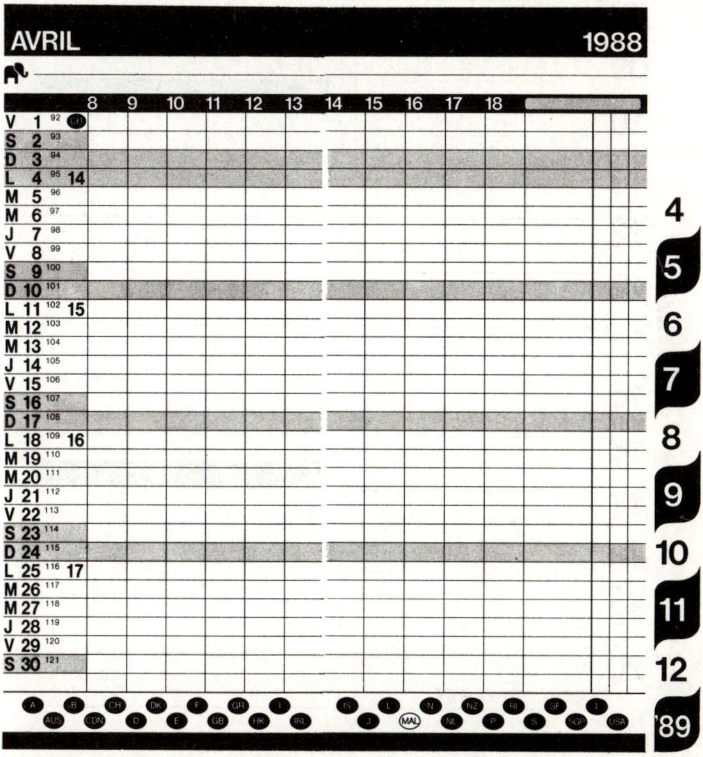

Calendrier mensuel. Agenda Time Manager

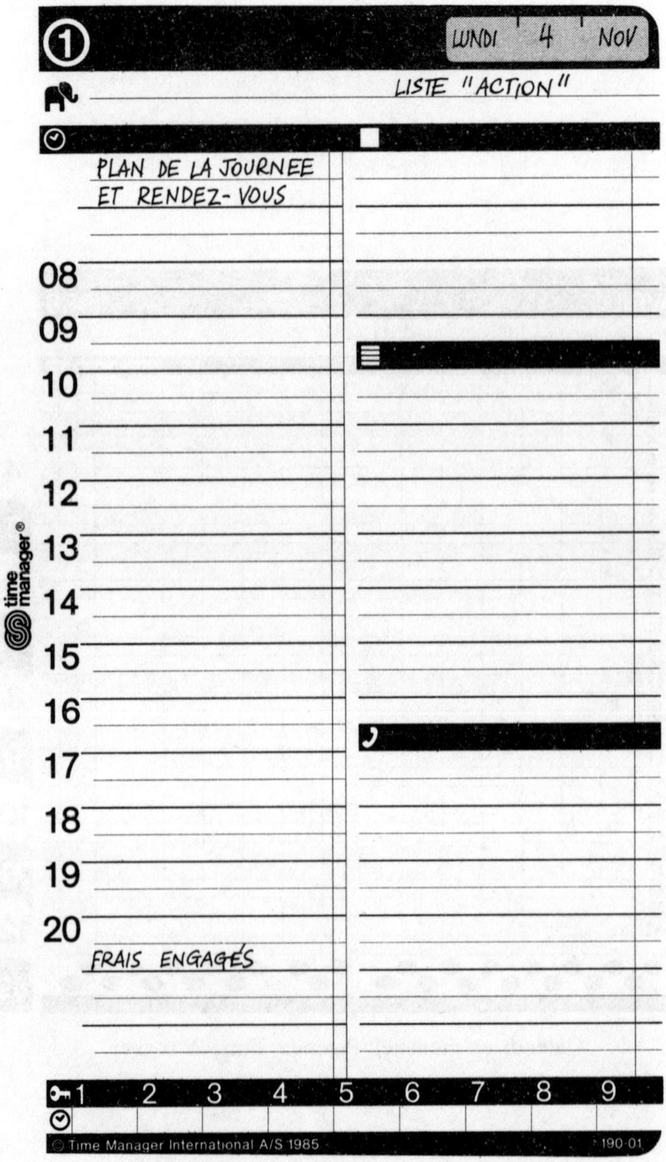

Fiche par jour. Agenda Time Manager
Page de gauche
(Planning quotidien)

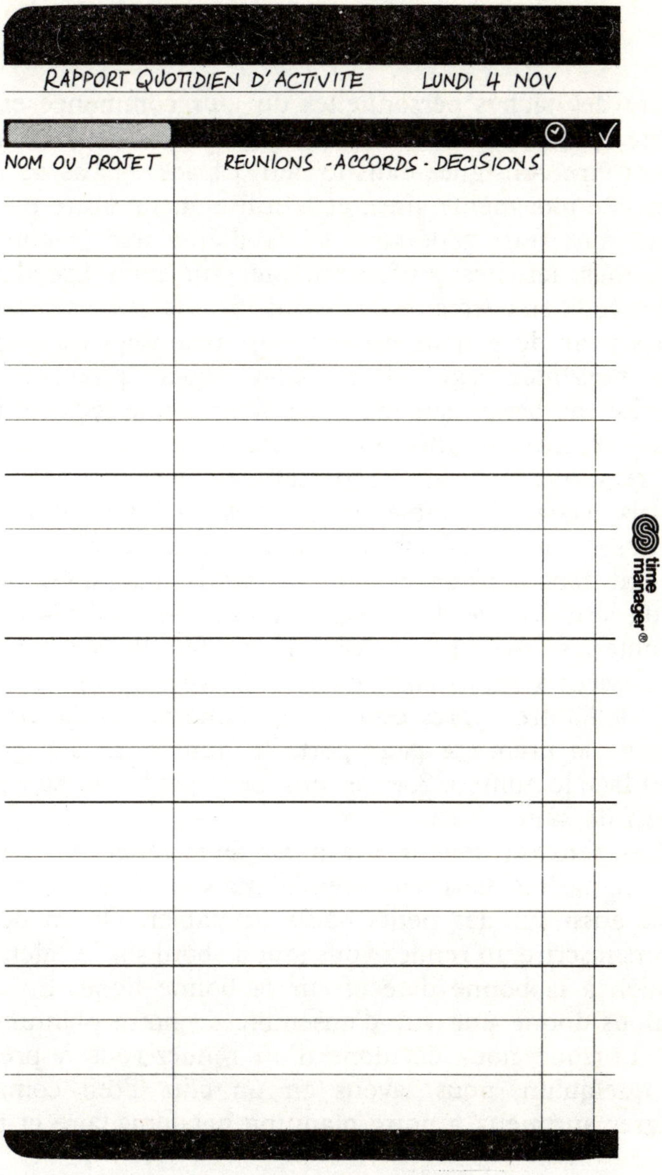
RAPPORT QUOTIDIEN D'ACTIVITE LUNDI 4 NOV

NOM OU PROJET | REUNIONS - ACCORDS - DECISIONS

time manager®

Fiche par jour. Agenda Time Manager
Page de droite
(Rapport quotidien d'activité)

La liste des tâches personnelles du jour commence en bas de liste, puis remonte. Les frais généraux de la journée peuvent être consignés dans le petit espace du bas de page. Je procède moi-même ainsi, et n'utilise aucun autre livre où je note mes frais généraux. Étant donné que je consigne toutes mes activités professionnelles sur mon agenda, j'ai sous les yeux en permanence, les justificatifs de mes dépenses.

La page de gauche est ma page planning. La page de droite (présentée page 121) est mon rapport quotidien d'activité. En me basant sur ma page planning, je reporte d'une manière sélective les informations clés concernant les rendez-vous, réunions ou visites impromptues de la journée. Ainsi les deux pages se complètent. Toutes les informations que je recueille durant la journée, et dont j'aurai besoin plus tard, se voient donc consignées dans ce rapport quotidien, depuis le haut, jusqu'en bas de la page. Si je manque de place pour tout noter, je me réapprovisionne en feuilles vierges dans mon classeur à anneaux. Je date ces feuilles puis je les classe l'une sur l'autre. Après quoi je les numérote de la manière suivante : la première page porte le numéro 1, la page qui lui fait face le numéro 2, et le verso de la page 2, le numéro 3. Et ainsi de suite.

Les gens ont tendance à noter leurs rendez-vous n'importe où, parfois dans leur agenda, mais au mauvais endroit, parfois aussi sur des petits bouts de papier. Or on devrait toujours inscrire un rendez-vous tout d'abord sur le calendrier mensuel, à la bonne date et sur la bonne ligne. En effet, cela nous donne une vue d'ensemble de notre planning du mois. Lorsque nous décidons d'un rendez-vous à prendre avec quelqu'un, nous savons en un clin d'œil comment l'intégrer au mieux à notre planning hebdomadaire et mensuel.

Si votre rendez-vous est prévu tôt le matin, inscrivez-le sur la première ligne du jour en question. S'il s'agit d'un rendez-vous dans le courant de la matinée, notez-le sur une ligne correspondant au milieu de la matinée. Ainsi il vous restera de la place pour inscrire les nouveaux rendez-vous que vous prendrez par la suite.

Au début de chaque semaine, consultez votre calendrier mensuel. Examinez les rendez-vous que vous avez pris pour la semaine. Puis, afin de vous les remettre en mémoire, inscrivez chacun d'entre eux dans le calendrier quotidien, dans la section « rendez-vous et événements programmés ». Vous pouvez en outre, notez quelques informations supplémentaires à cette occasion. Cette façon de procéder vous remet en tête tout rendez-vous imminent. L'idéal, en commençant une journée, serait d'avoir tous vos rendez-vous en tête aussi bien que sur le papier.

Voyons, par exemple, comment créer une bonne coordination entre votre calendrier mensuel et votre calendrier quotidien dans la planification de votre temps. Le 6 mars, votre patron vous téléphone et vous demande de le rejoindre à *Lyon* le 2 avril. Vous vérifiez d'abord sur votre calendrier mensuel, que vous n'avez rien d'important à faire ce jour-là. Constatant que cette journée est libre, vous inscrivez « Lyon » à la date du 2 avril, puis vous bloquez la journée pour ce voyage (voir l'exemple pages 124-125). Sur votre calendrier quotidien, à la date d'aujourd'hui – 6 mars – notez cet engagement (voir page 135). Sur la première ligne de la page de droite – rapport quotidien – vous écrivez le nom du patron – disons, *Boss* – et vous le soulignez. Sous son nom, vous inscrivez, en alinéa : *1. Prendre un billet d'avion à destination de Lyon pour le 2 avril.* Parce qu'il s'agit de quelque chose que vous devez absolument faire, ajoutez un astérisque devant le 1. Lorsqu'une action à accomplir immédiatement, émane d'une conversation avec quelqu'un, ajoutez toujours un astérisque à la gauche du numéro qui désigne cette action. Ce petit signe n'indique pas un degré de priorité;

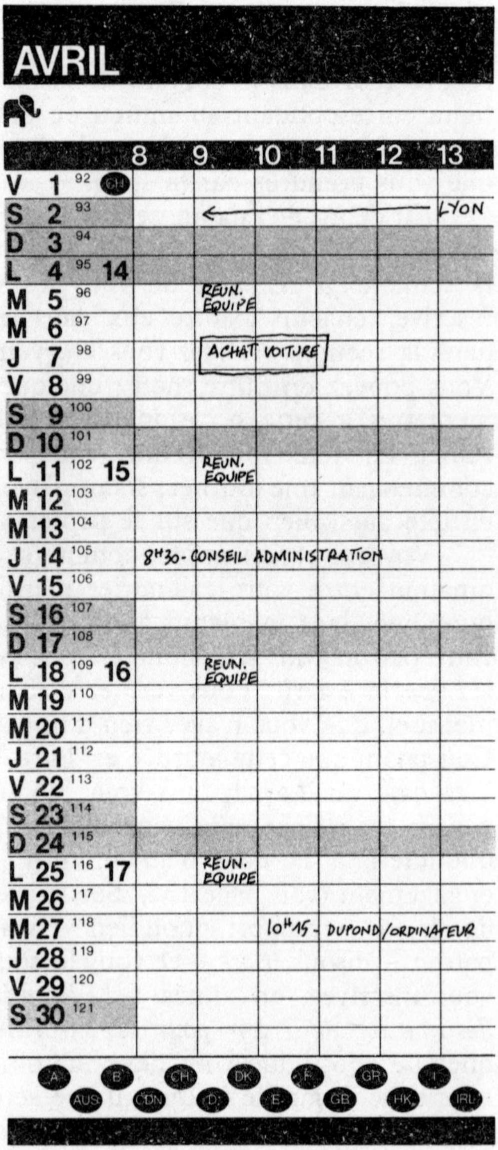

Calendrier mensuel. Agenda Time Manager
Exemple de page remplie

1988

14	15	16	17	18				
(BOSS, 6 MARS) →								
			ANNIVERSAIRE JULIE					
	REUN. RICHARD				19 H. DîNER DURAND			
					20H30 CONCERT BACH			

4 5 6 7 8 9 10 11 12 '89

IS J L MAL N NL NZ P RI S SF SGP T USA

Objectifs personnels à long et moyen terme

A_1____ Vivre en accord avec mes principes unificateurs (Spirituel).

A_2____ Développer mon esprit (Intellectuel/Culturel).

- a_1____ Lire au moins une heure par jour sur des sujets proches de mes activités.
- a_2____ Réfléchir à des problèmes majeurs qui me concernent.
- b_1____ Apprendre à lire l'espagnol.
- b_2____ Me procurer des billets pour les concerts de musique de chambre de la saison qui vient, et assister à chaque concert.

A_3____ Garder une santé excellente (Physique/Récréatif).

- a_1____ Vivre en accord avec mes principes unificateurs.
- a_2____ Avoir une alimentation saine et équilibrée.
- a_3____ Me ménager des moments de repos suffisants.
- a_4____ Réduire le stress.
- a_5____ Faire quotidiennement de l'exercice.
- a_6____ Faire un check-up chaque année en mars.
- b_1____ Boire 8 verres d'eau par jour.

A_4____ Mon distributeur, IMEX, réalisera un volume de ventes annuel de 10 millions F. dès l'année 19________ (Professionnel).

- a_1____ Plan d'investissement sur 2 ans le ________(date).
- a_2____ Création d'un département Recherche le ________(date).
- a_3____ Atteindre une marge brute de 8 % le ________(date).
- a_4____ Volume de ventes annuel de 10 millions F. le ________ (date).

A_5____ Développer ma vie sociale.

- a_1____ Me faire un ami nouveau tous les 2 mois.
- a_2____ Faire 3 choses par jour pour les autres.
- b_1____ Entrer dans un parti politique le ________(date).

A_6____ A l'âge de ma retraite (65 ans) avoir un actif d'une valeur d'au moins 10 millions F. (Financier).

- a_1____ Investir 15 000 F. par an à partir de ________(date) jusqu'à ________(date) dans une SICAV.
- a_2____ Faire au moins un investissement immobilier par an à partir de ________(année).
- a_3____ M'adjoindre les services d'un conseiller fiscal investissements le ________(date).
- a_4____ J'aurai ________F. de revenu de mes actions le 31 décembre 19________.

il signifie simplement : « qui nécessite d'entrer en action sur-le-champ ».

Alors seulement vous vous reportez à la page du 2 avril dans votre calendrier quotidien. Vous y notez votre numéro de vol et votre heure de départ. Dans la section « frais généraux » de ce jour, vous inscrivez le nom de la compagnie d'aviation, le numéro de vol, et le prix du billet. Lorsqu'un contrôleur des impôts viendra vous voir, vous disposerez ainsi de tous les justificatifs de vos dépenses. (Ces messieurs des impôts m'ont dit qu'avec un tel planning, où dépenses et justifications des dépenses se trouvent consignées, ils ne vous demanderont aucune note de frais. Néanmoins, gardez celles-ci précieusement, en sécurité. Elles pourront en outre vous servir à évaluer vos frais à la fin de chaque mois.)

Sur les premières pages de mon classeur apparaissent : *mes principes unificateurs,* puis les feuilles sur lesquelles j'ai noté *mes objectifs personnels, mes objectifs de société, mes objectifs de maîtrise du temps* ainsi qu'une liste de *questions qui m'aideront à classer mes objectifs à court terme* (voir page 128). On trouvera page 126 un exemple de liste d'objectifs personnels.

Les personnes qui utilisent le Système de Maîtrise du Temps, conservent, à la fin de leur agenda, dans une section disposant de feuillets intercalaires, *toutes les informations utiles,* telles que la politique générale de leur société, des idées à développer, des analyses financières, des budgets, des listes de livres. Il y a également un répertoire téléphonique.

Juste derrière cette section de classement, je garde toujours dans mon répertoire téléphonique, les numéros que j'utilise fréquemment. On y trouve les numéros de compagnies d'aviation, d'hôpitaux, ainsi que ceux de mes clients. Ce répertoire représente en quelque sorte mes « pages jaunes »

Exemples de fiches d'objectifs à placer au début de votre Agenda-classeur

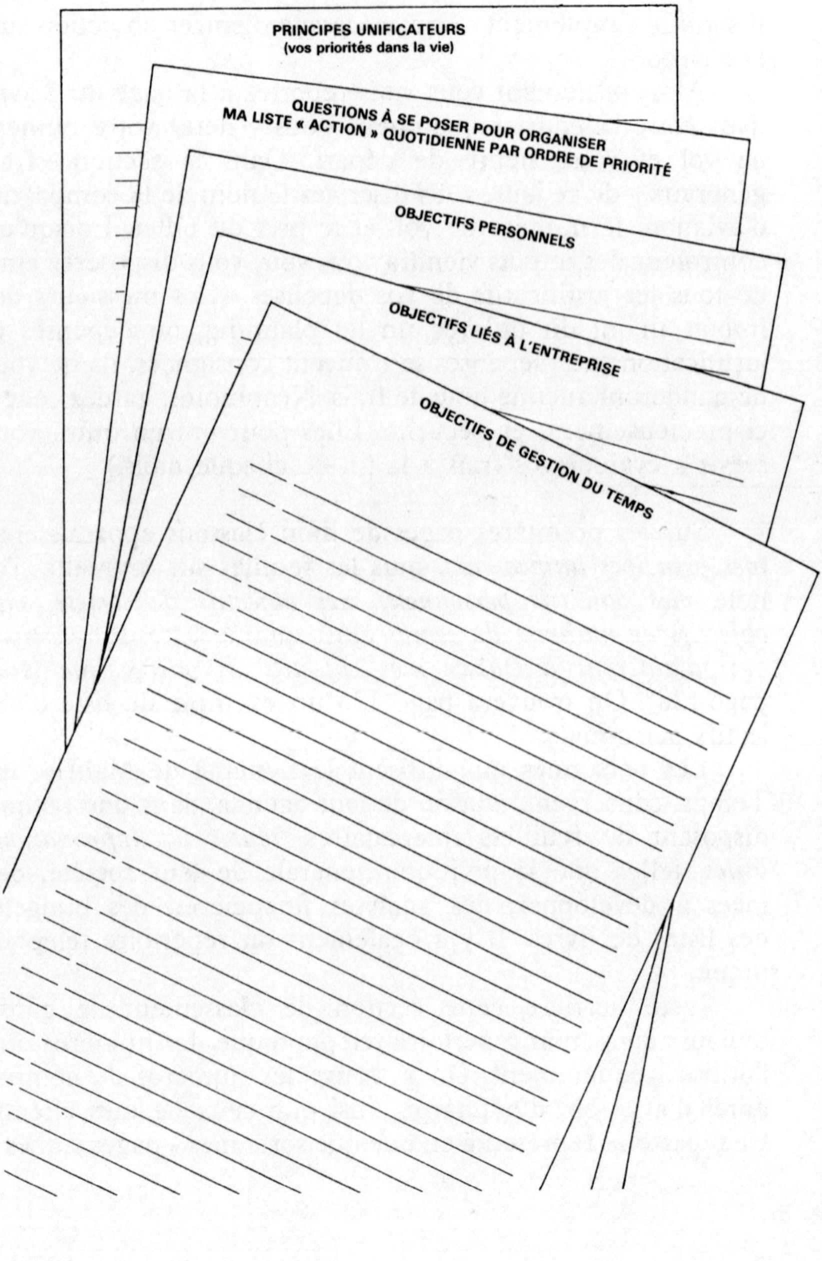

personnelles (le numéro des personnes avec lesquelles je n'ai été en relation qu'une ou deux fois, et que je n'aurai pas besoin de revoir, est consigné dans la partie « informations » de mon agenda quotidien, à la date à laquelle j'ai rencontré ces personnes). Il y a également dans ce répertoire, une carte de la France avec les villes les plus importantes, leur code postal. En outre, j'ai toujours une carte du monde sur moi.

Sont également répertoriés dans mon agenda, les différents secteurs de ma société. En tant que président de la compagnie, toutes mes activités professionnelles se rapportent à l'une des catégories suivantes : Finance, Marketing, Administration et Institut (pour Institut International de Recherche sur la Gestion du Temps).

Dans la catégorie *Finance,* on trouve des informations telles que : une feuille de dépenses personnelles, un rapport bimensuel simplifié sur le fond de roulement de la société couvrant les trois dernières années, des listes mensuelles de versements, des relevés mensuels des profits et pertes sur les trois derniers mois, des relevés mensuels des profits pour les cinq dernières années, un rapport sur les placements en participation aux bénéfices, une liste de douze objectifs pour réduire les frais généraux, le budget, et les objectifs annuels de notre vice-président du département financier.

Dans la catégorie *Marketing,* on trouve des informations telles que : une liste de prix des séminaires, un rapport mensuel sur les séminaires internes et externes à la société couvrant les quatre dernières années, des rapports de marketing mensuels, des stratégies de développement du marketing et les objectifs annuels de notre vice-président du département marketing.

La catégorie *Administration* comprend les comptes rendus du conseil d'administration et comité directeur, ainsi que des documents légaux et autres données sélectionnées pour le bureau du président.

La catégorie *Institut* est composée de plusieurs pages d'études relatives au développement de nouveaux produits, aux programmes d'enseignement et à la recherche sur cet enseignement.

En dernier lieu, je me réserve quelques pages répertoriées où classer toutes sortes d'informations *personnelles* qui vont de la taille du filtre de ma chaudière et du genre de pneus que j'utilise pour ma voiture, aux renseignements concernant les polices d'assurance. J'inscris également dans ces pages, les proverbes et maximes qui me plaisent. J'y note également des listes de livres. Je photocopie les lettres dont j'ai besoin – en réduisant leur taille de moitié – et je les perfore afin qu'elles puissent s'insérer dans cette partie de mon agenda.

Ce que je garde dans cette section change constamment. Quant aux données dont je n'ai plus besoin, je les conserve dans un classeur à anneaux séparé. Il s'agit de mes objectifs des années passées, d'anciennes compilations de mes principes unificateurs, de rapports de marketing, de rapports financiers et de rapports de statistiques. Tous les trois ou quatre mois, je fais un tri dans cette partie de mon agenda. Je jette certaines pages et j'en insère d'autres dans le classeur de données à conserver. Par conséquent, l'agenda que je garde toujours sur moi n'est pas très volumineux – moins de deux centimètres et demi d'épaisseur. Je n'emporte rien dans cet agenda dont je n'ai un besoin constant durant une période donnée. J'utilise un agenda à fermeture Éclair, afin de le protéger des chutes, de la pluie et de la neige.

COMMENT LE SYSTÈME DE MAÎTRISE DU TEMPS PEUT MARCHER POUR VOUS

Je n'ai encore rencontré aucun individu qui n'ait pas établi une liste de « choses à faire » à un moment donné de sa vie. Lorsqu'une personne rédige une telle liste, cette liste inclut toujours les choses auxquelles elle a pensé en premier. C'est-à-dire les choses les plus urgentes. Mais le plus urgent est-il forcément le plus important ? Non. Ainsi que vous l'avez découvert au chapitre 3, la plupart des choses urgentes sont des choses futiles. Par conséquent, un individu qui dresse une liste de choses à accomplir, ne couche le plus souvent que d'urgentes broutilles sur le papier, parmi lesquelles se glisse occasionnellement un objectif vital. Et même lorsqu'il se demande : « Qu'est-ce qui compte le plus pour moi ? » Il aura tendance à noter ce qui nécessite d'entrer en action sur-le-champ, le plus « urgent ». Ainsi, la majorité des gens qui établissent de telles listes, se font piéger sans le savoir. Ils pensent bien gérer leur temps en dressant des listes de choses à faire, quand en réalité ils ne font que mettre l'accent sur des choses urgentes mais absolument sans intérêt.

En outre, et c'est là un autre problème, la majorité des gens rédigent ces listes sur des petits bouts de papiers, qui bien souvent finissent au fond d'un sac ou coincés dans la couverture d'un agenda, bref, hors de portée. Il y a également ceux qui jettent leurs listes dans un tiroir. Et deux semaines plus tard, ils fouillent, fébriles, dans leurs tiroirs, espérant retrouver un petit bout de papier qui s'est glissé dans la jointure des planches.

Je suis personnellement contre cette habitude de fourrer des petits bouts de papier partout, et d'accumuler les pense-bête. Ce n'est pas avec des feuilles volantes que l'on contrôle les événements.

Un autre problème, plus grave encore, qu'ont la majorité des gens, c'est d'établir des listes d'actions à court terme sans aucun rapport avec leurs objectifs prioritaires à long et moyen terme. Ils ne savent pas où ils vont en se demandant quel travail urgent le patron leur réserve.

Lorsque vous remplissez votre liste des tâches quotidiennes, celles que vous réaliserez pendant votre temps libéré – dans votre agenda, elles deviennent partie intégrante de votre programme d'action. Sachez que le temps libéré, représente ces moments où vous avez le pouvoir de contrôler l'enchaînement des événements. Si vous vous trouvez dans une réunion du personnel, alors votre temps n'est pas libéré. D'autres personnes en disposent, tout comme vous disposez du leur. Une dactylo à qui l'on confie une pile de lettres à taper selon un ordre bien défini ne voit jamais son temps libéré. Un vendeur qui doit répondre aux demandes de clients qui entrent sans cesse dans son magasin, ne dispose pas non plus de temps libéré. Mais cela n'est pas grave. Un vendeur a besoin de ces « interruptions » permanentes. Un directeur, en revanche, désire à éviter le plus possible ces moments où on l'interrompt et cherche à augmenter ses plages de temps libéré.

Il y a deux sortes de temps libéré. Un ingénieur, par exemple, pourrait utiliser un mode de recherche particulier pour mener à bien un projet. La procédure choisie pour contrôler les événements dans ce cas particulier lui est dictée par une certaine méthodologie. Le genre de temps libéré dont nous parlons ici est la gestion du temps libéré quand nous devons mener à bien plusieurs projets dans un temps déterminé et dans un ordre cohérent mais pas nécessairement imposé. Nous n'avons généralement pas le temps de réaliser tous nos projets. En outre, il arrive qu'on ne puisse même pas définir le plus important d'entre eux, en utilisant les méthodes classiques d'évaluation. Pour identifier un objectif vital et s'atteler à sa réalisation, il faut classer tous ses projets par ordre de priorité.

Dans l'agenda auquel je fais référence, on emploie sept symboles pour contrôler les données.

/ : réalisé en partie.
√ : achevé.
* : urgent, nécessite d'entrer en action immédiatement.
() : voir, se référer à – généralement à une autre date dans l'agenda.
(10 mai) : reporté – dans ce cas, au 10 mai –
↓ : abandonné.
Ⓜ : confié à (ici, à quelqu'un dont le nom commence par un M).

Employez des abréviations et autres symboles. Moi, par exemple, j'utilise IR, pour signifier que mon correspondant rappellera. JR, m'indique que je dois rappeler. PR, signifie que l'on a pas répondu quand j'ai téléphoné; A veut dire, absent au moment où j'ai appelé et LM que j'ai laissé un message. Vous pourriez également réfléchir à une douzaine de termes que vous utilisez très fréquemment dans votre travail, et leur trouver une abréviation. Dans ma profession, j'emploie très souvent l'expression Maîtrise du Temps – abréviation, MT, DT signifie Décomposition du Temps (un concept qui sera développé au chapitre 11).

COMMENT CLASSER VOS TÂCHES QUOTIDIENNES PAR ORDRE DE PRIORITÉ

Complétons à présent la pyramide de productivité personnelle en exposant la procédure à suivre pour classer par ordre de priorité des objectifs à court terme figurant sur une liste d'actions quotidiennes à effectuer pendant vos périodes de temps libéré. N'oubliez pas que votre liste quotidienne des tâches professionnelles commence dans la partie supérieure de la page de gauche de votre calendrier quotidien,

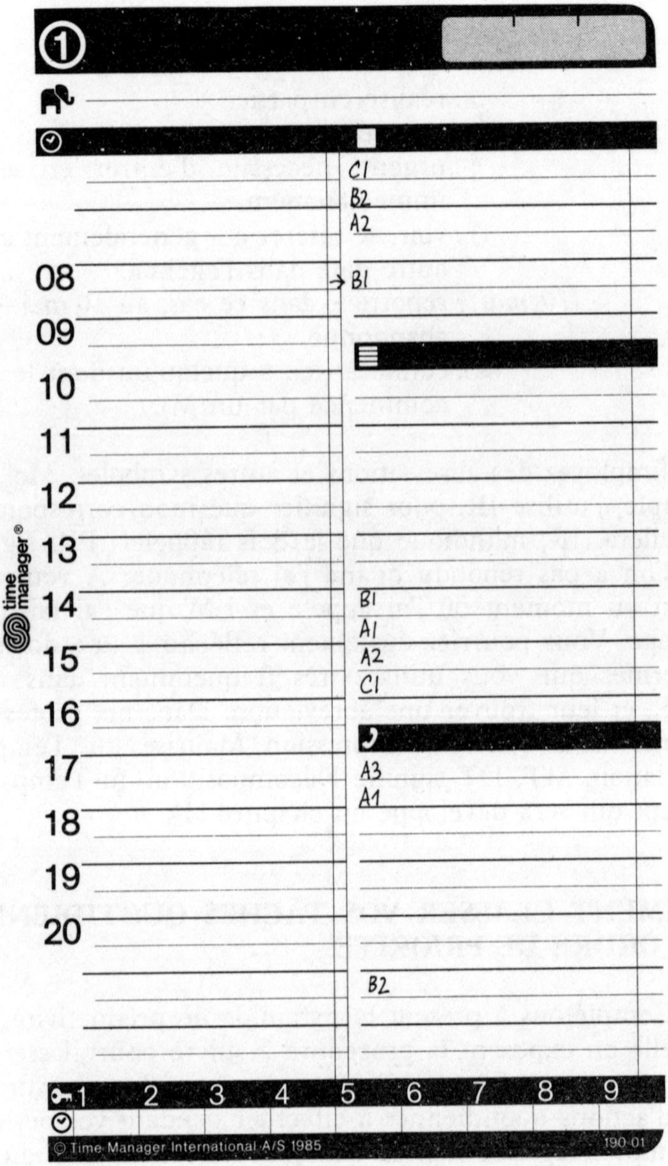

Fiche par jour. Agenda Time Manager
(Planning quotidien)
Exemple de page remplie

RAPPORT QUOTIDIEN D'ACTIVITE — MERC. 6 MARS

Boss
- *1. Acheter billet avion Lyon 2 Avril
- 2. Planifier journée du 2 Avril

Richard 43 20 12 20
- 1- RV 15 Avril chez lui - 3:00
- 2- RV 22 rue Huyghens - 2ème rue à D. après La Coupole
- 3- Discuter du contrat Dupond
- ✓ * 4- Venir avec Gilles
- → * 5- Venir avec Jean

Réunion Bob, Eric et Marc
- 1- Les pages 6 et 9 sont à revoir
- ↓ * 2- Voir avec l'imprimeur

Marsnall Verrières 42 36 69 19
- 1- Verrière 9x15 disponible le 19 Mars
- 2- Prix : 6500 F, pose comprise

Georges Dupond - HI TECH INFOSYSTEMES - 46 05 03 47
- 1- HT 609 . 505 000 F.
- 2- Etude préalable a recommandé HT 609
- 3- Réunion de décision dans 3 jours
- 4- Fonctions de base du HT 609

Prix F1RST du Management
- 1- Aujourd'hui fut un grand jour. J'ai reçu pour ma société le prix F1RST du Managemt
- 2- J'ai reçu un très beau trophée - Les résultats seront publiés dans le n° d'Avril du magazine Challenges
- 3- Plus de 1000 personnes présentes - 200 Sociétés - Discours du Ministre de l'Economie

time manager®

Fiche par jour. Agenda Time Manager
(Rapport quotidien d'activité)
Exemple de page remplie

tandis que votre liste quotidienne des tâches personnelles est exposée dans la partie inférieure de cette même page, notés du bas vers le haut. Ces deux listes, une fois rédigées, devraient ressembler à ce que l'on vous montre pages 134-135. Au stade où nous en sommes, ni les tâches professionnelles ni les tâches personnelles de la journée n'ont encore été classées par ordre de priorité.

Sur la page des tâches à accomplir dans la journée, dans votre calendrier quotidien, notez toutes les tâches qu'il est crucial de mener à bien durant votre journée de travail. Portez-y des actes à accomplir tels que certaines parties spécifiques de vos objectifs à long terme : un coup de téléphone à donner, des lettres à écrire et à envoyer, un rapport à finir, un projet particulier. Il est essentiel de vous montrer précis dans la définition de ces tâches à accomplir. Si un objectif vous paraît accablant, il y a de fortes chances qu'il soit trop vague. Aussi débitez-le en petites tranches facilement digestibles, comme un beefsteak coriace.

Quels que soient les objectifs à court terme que vous notiez sur votre liste « action » quotidienne, vous devez les formuler de telle manière qu'ils soient réalisables en très peu de temps. Si vous avez écrit, par exemple : *Rédiger le rapport QZ,* et qu'il vous faille deux jours pour le faire, il s'agit là d'une tâche quotidienne mal formulée. Mais si vous notez : *Dégager les grandes lignes du rapport QZ,* il est probable que cela soit réalisable en quelques minutes.

C'est une leçon que j'ai retenue de ma lecture de la biographie de Benjamin Franklin : diviser une tâche à accomplir en plusieurs petites augmente nos chances de réaliser notre objectif. Franklin s'était aperçu qu'il réalisait davantage de choses de cette façon, qu'en essayant de s'atteler à des projets plus vastes.

Afin de surmonter le problème de la liste des tâches à réaliser dans la journée et de vous assurer un maximum d'efficacité, posez-vous les questions suivantes pour les classer par ordre de priorité. Je vous suggère de ne plus jamais rédiger une telle liste d'objectifs sans vous poser les 12 questions qui suivent, questions que vous garderez sur une feuille au début de votre agenda. Les sept premières vous aideront à identifier vos objectifs à court terme les plus importants. Les cinq dernières vous permettront de les classer par ordre de priorité.

1. Parmi mes objectifs à long et moyen terme, quels sont ceux sur lesquels je devrais travailler aujourd'hui ? Voici la question essentielle à vous poser pour repérer vos objectifs vitaux à court terme. Notez au moins un ou deux objectifs à court terme, dérivant de la liste d'objectifs à long et moyen terme, que vous conservez toujours dans les premières pages de votre agenda. Par exemple, l'objectif à moyen terme « Avoir fait installer un micro-ordinateur au plus tard le 21 avril », devient l'objectif à court terme suivant : « Téléphoner à Georges Dupond pour l'ordinateur. » L'objectif à moyen terme précité dérivait lui-même de l'objectif à long terme « Le 31 décembre, le secteur des ressources humaines et celui du développement seront équipés de micro-ordinateurs ».

2. Quels sont les projets qui m'apporteront la plus grande satisfaction, en regard du temps passé à les réaliser ?

Cette question peut mettre l'accent une seconde fois sur ce que vous avez déjà écrit – par exemple : « Téléphoner à Georges Dupond pour l'ordinateur », mais elle peut également vous amener à considérer un acte en rapport avec une autre partie de votre travail, acte dont la réalisation vous apportera une grande satisfaction. Par exemple : « Appeler Richard pour fixer la date d'une réunion. » Disons qu'une réunion avec Richard pourrait favoriser le lancement d'un nouveau produit.

3. Quels projets, s'ils ne sont pas réalisés, risqueraient de me faire perdre mon emploi ou menaceraient gravement la survie de la société ?

Un jour, une secrétaire me confia la chose suivante :

« – Charles, je suis si occupée à taper des lettres, qu'il ne me reste pas une minute à consacrer à mes objectifs classés A.

Aussi lui posai-je une question évidente :

– Qu'arriverait-il si cette correspondance n'était pas tapée à temps ?

– Je perdrais mon emploi, répondit-elle avec franchise.

– Dans ce cas, taper la correspondance est votre objectif majeur.

Il est fréquent que les gens n'accordent que peu de valeur à leurs activités quotidiennes, parce qu'ils les considèrent comme des choses secondaires. Mais dès que l'on pose les bonnes questions, ils s'aperçoivent que certaines de leurs activités sont d'une importance majeure. Un projet de grande envergure n'est pas forcément important. Il faut moins de deux secondes, pour fermer un robinet de gaz qui empêchera un immeuble entier d'exploser. Voilà une priorité vitale. Pour compléter mon exemple, je vous dirai que je connais des sociétés dans lesquelles on passe des milliers d'heures à réaliser des projets qui représentent une perte de temps intégrale.

4. Quels sont les projets considérés comme les plus importants par le patron ?

Le patron a-t-il toujours raison ? Pas obligatoirement. Si vous pensez qu'il se trompe, il convient de rassembler des informations supplémentaires et de les lui soumettre, afin de le ranger à votre avis. Mais que faire, si vous ne parvenez pas à le convaincre du bien-fondé de vos idées? Alors capitulez et faites ce qu'il vous demande. C'est l'une des règles d'or pour obtenir un maximum d'efficacité et travailler dans l'harmonie.

5. Quels sont les points figurant sur ma liste « action » précédente et ma liste de réserve sur lesquels je devrais travailler aujourd'hui ?

Tandis que vous préparez votre liste « action » du jour, jetez un coup d'œil sur vos listes des jours précédents, afin de décider quelles tâches, parmi celles que vous n'avez pas menées à bien, devraient être abandonnées, et lesquelles méritent d'être poursuivies et reportées sur la liste d'aujourd'hui. Ne négligez jamais la liste de réserve. Elle représente une source supplémentaire dans laquelle puiser pour compléter votre liste « action » du jour.

6. Que me suggèrent de faire mes principes unificateurs ? De quelle manière la politique générale de la société m'incite-t-elle à agir ?

Posez-vous ces questions pour vous assurer l'harmonie dans votre travail. Presque tous vos principes unificateurs ont un rapport direct, ou indirect, avec ce que vous faites au bureau. Par conséquent, ils devraient servir de base à votre vie professionnelle aussi bien qu'à votre vie privée.

L'un de mes principes unificateurs, est : « Me réserver quotidiennement un moment de solitude. » Aussi, je note chaque jour dans ma liste « action » l'objectif suivant : « Solitude pour planning. »

La politique générale d'une société pourrait exiger qu'un rapport hebdomadaire fut soumis, chaque jeudi, à quinze heures, au département financier. Imaginons que nous soyons mercredi. C'est le moment de s'y mettre. Aussi écrivez-vous, dans votre liste « action » : « Rédiger le rapport hebdomadaire. »

7. Quels sont les options que je n'ai pas considérées, et qui seraient génératrices d'excellents résultats à long terme ?
Voici une question clé pour parvenir à l'efficacité maximum. Le fait de prévoir les conséquences de la réalisation d'une tâche immédiate, peut entraîner à abandonner un certain nombre de projets. Imaginons que vous ayez sous les yeux la lettre de l'un de vos associés de province, qui vous propose de vendre l'une des pièces détachées que fabrique votre usine à la société Royal. Vous savez que cette entreprise changera sa gamme de produits dans huit mois, et ne renouvellera probablement pas sa commande en pièces détachées. Vous pourriez leur faire une proposition de vente immédiate. Mais votre associé n'a pas considéré le fait, qu'à long terme, il s'agirait d'un mauvais calcul. En effet, la société Président, qui elle prévoit de continuer à fabriquer une même ligne de produit pendant une période plus longue que sa concurrente Royal, a toutes les chances de renouveler sa commande en pièces détachées.

En traitant avec Président, vous obtiendrez de meilleurs résultats à long terme. Par conséquent, vous devriez noter comme objectif, sur votre liste de priorités du jour, de contacter votre associé à ce sujet.

Maintenant que vous avez établi votre liste « action » quotidienne, utilisez les cinq questions suivantes et les symboles habituels – A, B, C et 1, 2, 3, pour classer les tâches à accomplir par ordre de priorité.

1. Parmi les tâches figurant sur ma liste, lesquelles me seront les plus utiles dans la réalisation de mes objectifs majeurs à long et moyen terme ? Sans compter les objectifs de Maîtrise du Temps, vous disposez à présent de six objectifs à court terme (voir page 135). Néanmoins, ils ne portent pas encore les caractéristiques, A, B ou C. Tandis que vous vous posez la question 1, vous décidez qu'il est vital d'appeler Richard. Il s'agit donc d'une tâche « A ». Inscrivez donc un A à la gauche de cette tâche, et à la gauche de toutes les tâches majeures que vous pensez pouvoir réaliser dans la journée. Accordez-vous entre trente minutes et une heure pour réaliser toutes vos tâches A. La réalisation des projets classés A a généralement tendance à prendre plus de temps que nous l'avions prévu, aussi n'en notez qu'un minimum. Lorsque vous avez identifié vos objectifs A, affinez votre classement, en A1 (les plus importants), A2, A3, et ainsi de suite. Puis identifiez les B, et ensuite les C. Après quoi numérotez les B, puis le C. Les lettres, de même que les chiffres, désignent un ordre d'importance, mais pas nécessairement un ordre de réalisation (voir page 143).

2. Quelles sont les tâches qui m'apporteront les meilleurs résultats à long terme?

3. Quelles sont celles dont la réalisation me procurera la plus grande satisfaction?

4. Que se passera-t-il si je ne réalise pas tous ces projets aujourd'hui? Qui cela affectera-t-il? Est-ce que quelqu'un en souffrira? Ne pas avoir de réunion avec Richard pourrait remettre en cause le lancement de ce nouveau produit.

5. Dans une perspective à long terme, quelles sont les tâches qui m'apporteront la plus grande satisfaction, si je les réalise? Cette question concerne essentiellement les points d'importance mineure – les projets classés C – qui pourraient vous préoccuper. Si le fait de vous dégager de cette préoccupation représente un gain de temps, il pourrait être judicieux de faire passer un projet C en A. Ainsi vous en aurez fini avec lui. Mais n'abusez pas de ce procédé.

Une fois les douze questions passées en revue, vous avez sous les yeux une liste de tâches quotidiennes classées par ordre de priorité.

Voilà qui complète la pyramide de productivité personnelle et apporte une continuité dans le processus de planification et de réalisation des objectifs. Étudiez le schéma de la page 144, et voyez comment intégrer dans votre agenda les informations figurant sur la pyramide.

Je recommande toujours aux participants d'un séminaire, de mémoriser les cinq questions concernant le classement par ordre de priorité des tâches quotidiennes. Ces questions vous aideront à rester efficace tout au long de la journée. Car il ne sert à rien de préparer une excellente liste de tâches à accomplir avant le soir, pour se voir interrompu toute la journée dans son travail par des intrus. A dix-sept heures, vous ne pourrez que faire le compte de multiples interruptions correspondant à d'urgentes futilités. Mémorisez ces cinq questions et vous pourrez les utiliser, spontanément avec ceux qui vous interrompent et libérer ainsi votre temps. L'un de mes diplômés du Colorado m'a raconté que dès le lendemain de la fin du séminaire, il connaissait les cinq questions par cœur. Trois jours plus tard, l'un de ses collègues fit irruption dans son bureau, les sourcils froncés. Une urgence en perspective! Ils avaient tous les deux le même directeur, et ils avaient défini ensemble un certain nombre d'objectifs ratifiés par leur patron.

Ce jeune homme me dit : « J'ai demandé calmement à mon collègue de s'asseoir. Puis j'ai commencé à lui poser les cinq questions sous une forme adaptée à la situation. »

– Quel rapport ce projet soudain a-t-il avec la réalisation des objectifs que nous nous sommes fixés avec le patron ?

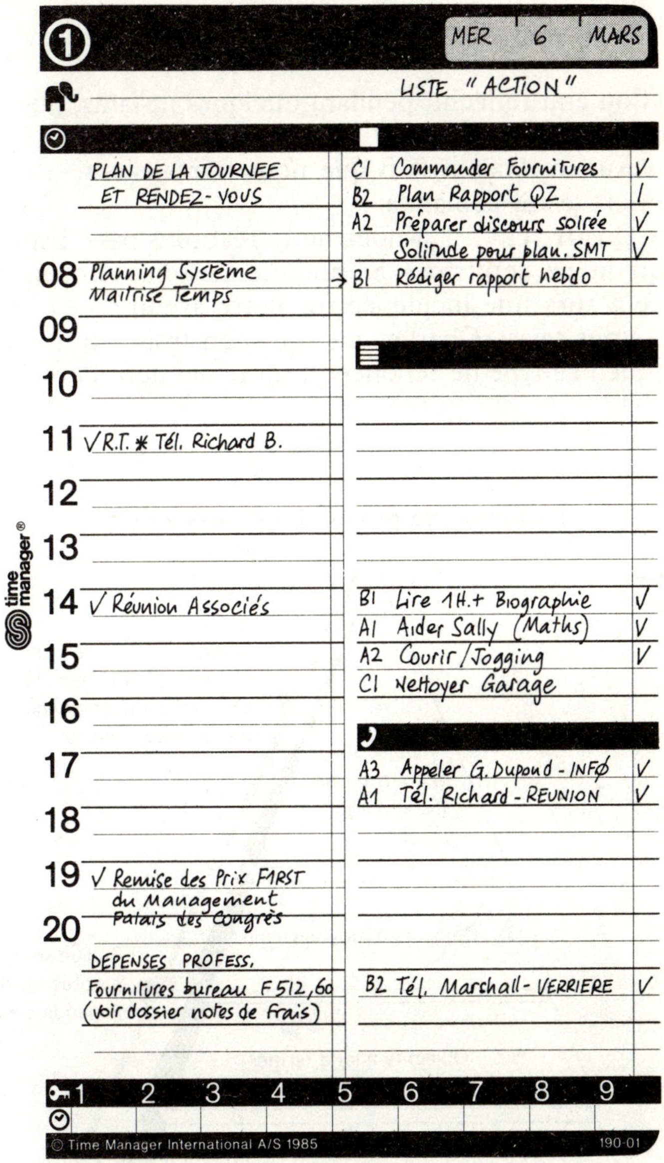

① MER 6 MARS

LISTE "ACTION"

PLAN DE LA JOURNEE
ET RENDEZ-VOUS

08 Planning Système Maitrise Temps
09
10
11 √R.T. ✱ Tél. Richard B.
12
13
14 √ Réunion Associés
15
16
17
18
19 √ Remise des Prix FIRST du Management Palais des Congrès
20

DEPENSES PROFESS.
Fournitures bureau F 512,60
(voir dossier notes de frais)

C1 Commander Fournitures √
B2 Plan Rapport QZ /
A2 Préparer discours soirée √
Solitude pour plan. SMT √
→ B1 Rédiger rapport hebdo

B1 Lire 1H.+ Biographie √
A1 Aider Sally (Maths) √
A2 Courir/Jogging √
C1 Nettoyer Garage

A3 Appeler G. Dupond - INFO √
A1 Tél. Richard - REUNION √

B2 Tél. Marshall - VERRIERE √

time manager®

1 2 3 4 5 6 7 8 9

© Time Manager International A/S 1985 190-01

Fiche par jour. Agenda Time Manager
(Planning quotidien)
Exemple de page remplie par ordre de priorité

Mon ami réfléchit pendant quelques instants, puis il me répondit :

– Aucun. Mais il faut que nous le réalisions.

Alors je lui demandai :

– Qu'arrivera-t-il si nous ne le réalisons pas ? Est-ce que quelqu'un en souffrira ? Si nous le laissons tomber, est-ce que cela aura une incidence sur notre avenir ?

« Vous savez, Charles, me dit-il, en trois minutes j'avais convaincu ce type de renoncer à un projet dont la réalisation

Pyramide de productivité personnelle

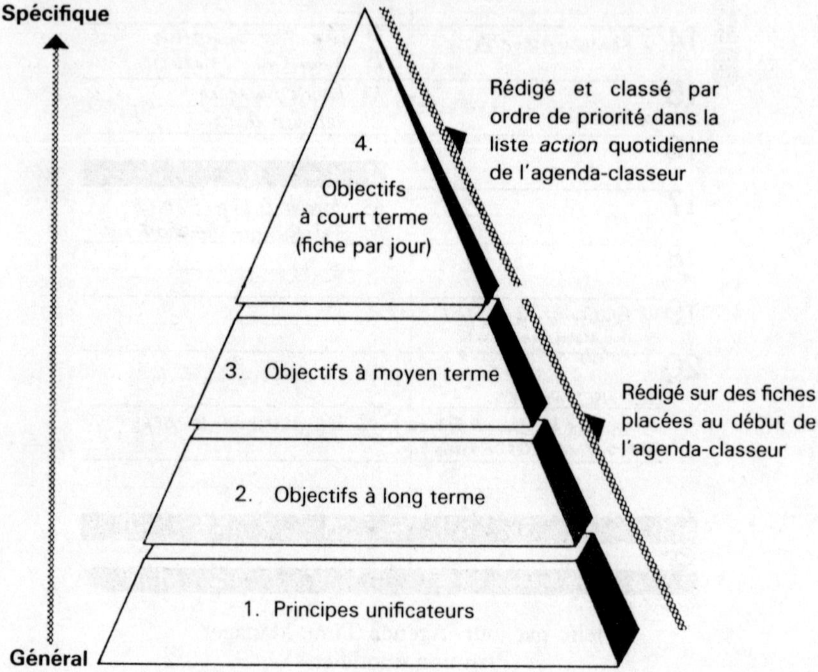

aurait occupé une journée et demie de mon temps et du sien. »

COMMENT ÉTABLIR UNE CHRONOLOGIE DANS LA RÉALISATION DE VOS OBJECTIFS A COURT TERME

Après les avoir classés par ordre de priorité, reste à déterminer la chronologie à suivre pour réaliser vos objectifs à court terme. Si votre objectif A1 est d'appeler Richard, et que vous savez qu'il n'arrivera à son bureau qu'à onze heures, vous ne pouvez commencer la journée avec votre objectif A1. Ce que je ferais en pareil cas, simplement pour créer un sentiment d'urgence, serait de reporter cet objectif dans mon agenda, comme s'il s'agissait d'un rendez-vous, sur la ligne correspondant à onze heures. Il se pourrait même que je prenne un rendez-vous téléphonique avec lui.

Disons que vous avez téléphoné à Richard il y a quelques jours, et que sa secrétaire vous a répondu :

– Désolée, M. Bonnier n'est pas là.

– Soyez gentille de lui dire de me rappeler.

Cet après-midi-là, Richard vous a rappelé. Mais vous étiez sorti. Lorsque vous êtes rentré, vous avez de nouveau essayé de le joindre, mais il venait de quitter son bureau pour le reste de la journée.

Ce genre de choses vous est certainement déjà arrivé. Vous cherchez absolument à joindre quelqu'un et vous appelez toujours au mauvais moment. Et chaque fois que cette personne vous rappelle, vous êtes sorti. Comment résoudre ce problème ? En prenant un rendez-vous téléphonique. La première fois que vous appelez Richard et que sa secrétaire vous dit : « Je suis désolée, M. Bonnier est sorti », demandez-lui aussitôt : « Y a-t-il un moment où je sois sûr de pouvoir le joindre ? »

– Mercredi matin, à onze heures, répond la secrétaire.

– Alors j'aimerais prendre un rendez-vous téléphonique avec lui.

Généralement, lorsque je dis ça, les secrétaires me demandent, surprises : « Un quoi ? »

– Un rendez-vous téléphonique. C'est-à-dire que j'appellerai très exactement à l'heure où il sera là.

Cela met l'accent sur le fait qu'il est vraiment important pour moi de le joindre.

Généralement, la secrétaire accepte de bonne grâce cet arrangement.

Dès que j'ai pris cet engagement de téléphoner à Richard Bonnier un jour précis à une heure dite, je note sur mon calendrier mensuel : 11 h – RT – Richard B. (RT : Rendez-vous téléphonique). Parce que je garde toujours mon agenda sur moi, parce que je porte une montre à quartz avec une alarme ou une montre de poche avec une alarme, parce que sept jours sur sept, tôt le matin, je consacre un moment à planifier ma journée, mercredi matin, aux aurores, je lirai dans mon agenda : 11 h – Richard B. Alors je règle l'alarme de ma montre à dix heures cinquante-huit. A dix heures cinquante-huit ma montre sonne. Je compose le numéro. Richard décroche et dit : « Bonjour, Charles. » Il sait que c'est moi qui suis à l'autre bout de la ligne. C'est cela un rendez-vous téléphonique. Mais je n'ai recours à ce procédé que pour les choses d'importance vitale, pour moi, ou pour mon interlocuteur.

Comment consigner ce rendez-vous avec Richard B. dans votre agenda ? Notez son nom – Richard B. – sur votre calendrier quotidien, sur la page de droite du mercredi. Puis soulignez-le (voir exemple page 135). Portez son numéro de téléphone à la suite, sur la même ligne, comme s'il faisait partie de son nom : 43 20 12 20. Prenez l'habitude de procéder ainsi chaque fois que vous notez un coup de téléphone à donner. Il y a de fortes chances que vous rappeliez cette personne, car lorsque vous revenez à la page en question, le numéro inscrit là vous attend.

Au téléphone, avec Richard, vous décidez d'organiser une réunion le mois suivant, en avril. Où allez-vous chercher une date possible pour fixer ce rendez-vous ? Sur votre calendrier mensuel. Richard vous propose une date, le 15 avril. Vous êtes occupé toute la matinée ce jour-là, aussi vous suggère-t-il de fixer la réunion à quinze heures. Vous acceptez. Sur votre calendrier mensuel, vous notez : *3 : 00 – Richard,* sur une ligne du milieu de l'après-midi, le 15 avril. Inscrivez immédiatement, en dessous, la date d'aujourd'hui entre parenthèses. Ainsi, début avril, lorsque vous voudrez préparer cette réunion, vous saurez exactement à quel endroit (sur la page de droite du 6 mars, voir page 135) trouver des informations concernant cette réunion.

Dans votre rapport d'activités quotidien (page de droite du 6 mars), sous la ligne où vous avez écrit Richard B. inscrivez en alinéa :

1. *Réunion, 15 avril, 3 : 00, à son bureau.*
2. *L'adresse de Richard.*

Après quoi relisez à Richard ce que vous venez de noter, pour vous assurer que vous ne vous êtes pas trompé.

Chaque donnée supplémentaire doit être notée sous le mot clé – ici, Richard B. – légèrement en retrait, puis numérotée. Ainsi, vous mettez en place un système efficace de recherche ultérieure de l'information.

Il se peut que Richard vous donne une autre information en rapport avec la réunion. Vous lui donnez alors le numéro 3.

Puis il vous dit : « Voudriez-vous emmener Gilles et Jean avec vous? »

Vous ajoutez donc les données 4 et 5. N'inscrivez pas Gilles et Jean sur la même ligne, parce que vous devrez leur proposer de venir à l'un et à l'autre. Cela nécessite deux coups de téléphone.

4. Emmener Gilles à la réunion.
5. Emmener Jean à la réunion.

Des informations reportées sur votre agenda pendant votre conversation avec Richard, émanent deux actions à entreprendre : la première est d'appeler Gilles, la deuxième d'appeler Jean.

On dit souvent, que pour bien gérer son temps, il ne faut pas reporter au lendemain ce que l'on peut faire sur-le-champ. A ce « Fais-le tout de suite! » j'ajouterais : « ...s'il s'agit d'un acte d'une importance majeure, qui mérite un A, dans ma liste de tâches du moment ». Dans l'exemple qui nous intéresse, je dirais oui, agissez immédiatement. D'une part, vous avez les informations concernant la réunion fraîches en mémoire, d'autre part, vous avez ces données sous les yeux. Aussi entrez-vous immédiatement en action : il y a des astérisques à gauche des données 4 et 5, ce qui signifie que la réalisation de ces projets ne souffre aucun délai. Vous téléphonez donc à Gilles et l'informez de la date, de l'heure et du lieu de la réunion. A présent, vous avez le droit d'inscrire une marque de contrôle à la gauche de l'astérisque de la donnée 4 : mission accomplie. Après quoi vous appelez la secrétaire de Jean, qui vous apprend qu'il est absent pour le moment, et qu'il ne sera de retour que le mardi suivant. Comment allez-vous gérer cette information? Vous vous dites : « Je penserai certainement à appeler Jean mardi prochain », puis vous l'inscrivez sur un petit bout de papier que vous glissez dans votre poche. Si vous agissez ainsi, ce coup de téléphone important pourrait bien finir aux oubliettes. La conduite intelligente à tenir, est de prendre votre agenda et de noter dans votre agenda, sur la page de gauche du mardi en question et dans votre liste « action » de la journée : « Téléphoner à Jean à propos de la réunion avec Richard. » N'oubliez pas d'inscrire entre parenthèses, sous cette donnée, la date d'aujourd'hui. Ainsi, vous retrouverez facilement toute information utile à propos de cette réunion, et donc nécessaire à votre coup de fil.

Voici un autre exemple. Pendant la journée, vous devez appeler l'entreprise Marshall pour obtenir un devis sur une verrière que vous désirez faire poser sur votre patio. Il s'agit là d'une tâche inscrite dans votre liste « action » personnelle, mais admettons qu'il soit nécessaire que vous téléphoniez à l'entreprise Marshall pendant vos heures de travail. Avant de passer ce coup de fil, inscrivez « Entreprise Marshall » dans votre rapport d'activités quotidiennes (page de droite, à la date d'aujourd'hui), soulignez cette donnée, puis ajoutez le numéro de téléphone. Composez le numéro de téléphone, puis notez, en retrait sous cette donnée, toutes les informations que vous recueillerez.

Chaque fois qu'une idée intéressante vous traverse l'esprit, ne la laissez pas vous échapper, quoi que vous soyez en train de faire. Prenez le temps de la noter dans votre agenda, soit dans votre liste de réserve, soit dans la liste « action », à la date qui vous paraît la meilleure pour développer cette idée. Notez les idées à concrétiser en priorité dans la liste « action ». Les idées à concrétiser dans un avenir plus lointain seront portées sur la liste de réserve. Si vous utilisez ce procédé très simple, aucune des bonnes idées qui surgissent dans votre esprit ne vous échappera. Mais pour cela vous ne devez jamais vous séparer de votre agenda.

Même la nuit, vous devez le garder à portée de la main, sur votre table de chevet.

En agissant ainsi, vous constaterez très vite que vous disposez d'une avance de plusieurs jours dans la rédaction de vos listes « action ». Il m'est arrivé d'avoir une liste de douze tâches, déjà prête, en entamant ma journée. Un matin comme celui-là, vous n'avez plus qu'à accorder un degré de priorité aux tâches déjà inscrites, et à celles qui dérivent de vos objectifs à moyen terme notés à la première page de votre agenda. Vous pourriez vous apercevoir alors que vos objectifs à moyen terme ne sont peut-être pas aussi importants qu'il y paraissait à première vue. Certains des objectifs classés A pourraient bien finalement ne mériter qu'un C, et inversement.

J'ai impliqué ma secrétaire dans ce système. Je lui ai remis des feuilles perforées du format de celles de mon agenda, sur lesquelles elle note les messages et les informations qui pourraient m'intéresser. Ces feuilles sont datées, et lorsque je rentre le soir ou bien au bout de plusieurs jours, je peux trouver jusqu'à dix-huit messages inscrits sur la même feuille. J'évite ainsi d'être submergé, comme le sont la majorité des directeurs de société, par des dizaines de petites feuilles roses sur lesquelles ne figure qu'un seul message. Lorsque je suis au bureau, il arrive qu'elle m'interrompe dans mon travail pour me remettre une feuille avec plusieurs informations, dont l'une est absolument vitale.

Une secrétaire qui a compris le fonctionnement du Système de Maîtrise du Temps, peut classer ces informations par ordre de priorité à votre place. Elle portera en outre un astérisque devant les données qui nécessitent une mise en action immédiate. Lorsque l'on vous apporte ces feuilles additionnelles, insérez-les dans votre agenda à la date du jour. Puis réalisez chacune des tâches émanant de ces données et cochez-la chaque fois que vous l'avez menée à bien. Si une tâche ne peut être accomplie sur-le-champ, inscrivez-la sur la liste « action » d'un jour prochain. Puis notez en dessous, entre parenthèses, la date d'aujourd'hui, afin de pouvoir retrouver ultérieurement, toute information sur ce projet. Mais si cette feuille ne contient que des données d'un intérêt immédiat, utilisez ces informations, puis jetez la feuille.

Traitez de la même manière, ces petits bouts de papiers divers, qui atterrissent sur votre bureau. Utilisez l'information sur-le-champ, puis jetez la petite note. Si vous ne pouvez entrer en action immédiatement, reportez l'information dans votre agenda, à la date adéquate. Puis jetez le pense-bête. Ne fourrez pas ces petits bouts de papier dans votre poche ou dans votre agenda. Vous n'avez plus besoin de pense-bête, maintenant que vous disposez d'une liste « action » quotidienne pour vous guider dans votre travail.

RETROUVER DES INFORMATIONS

Le Système de Maîtrise du Temps vous offre quatre procédés pour retrouver une information dans votre agenda.

Premièrement, il y a le *calendrier mensuel,* qui, tel le plan d'une grande bibliothèque, vous donne les points de repère de l'information. Si, dans un premier temps, vous inscrivez toujours vos rendez-vous et réunions dans le calendrier mensuel, puis que vous notiez de plus amples informations sur ces rendez-vous dans le rapport d'informations quotidien de votre agenda, vous retrouverez toujours ces données en vous reportant ultérieurement au calendrier mensuel. (Moi, par exemple, je note mon poids deux fois par mois dans la marge de gauche de mon calendrier mensuel. Je fais cela depuis des années, ce qui me permet de contrôler les variations de mon poids sur un temps très long. Eh oui, le Système de Maîtrise du Temps peut vous aider à respecter votre régime alimentaire.) Je note également les anniversaires et autres dates importantes sur mon calendrier mensuel.

Deuxièmement, utilisez les *parenthèses.* Chaque fois que vous trouvez une date entre parenthèses dans votre calendrier mensuel, vous pouvez vous y référer dans votre calendrier quotidien. Parfois, l'information figurant entre parenthèses fait référence à un dossier correspondant ou à la page d'un livre. Je note toujours dans mes dossiers, des dates se référant à des rendez-vous ou autres données portées dans mon agenda, et je peux ainsi aller de l'un à l'autre aisément. Je n'ai pas jeté tous mes dossiers, mais, grâce au Système de Maîtrise du Temps, j'en ai considérablement réduit l'épaisseur. Il est en outre très utile de noter des données entre parenthèses dans vos listes « action » quotidienne, données qui vous renvoient à d'autres listes « action », ou à tout autre source.

Troisièmement, utilisez des *trombones.* Lorsqu'une information figurant dans votre rapport quotidien ne se rapporte à aucune date particulière, recopiez-la sur une petite feuille que vous accrocherez avec un trombone à cette même page. Mais n'utilisez ce procédé que six ou sept fois par mois, sinon, votre agenda risquerait d'enfler d'une manière gênante. Lorsque vient le moment de rechercher l'une de ces données, qu'elle date d'un ou de plusieurs mois, je feuillette rapidement mes vieux calendriers quotidiens, en jetant un bref coup d'œil à chaque donnée, jusqu'à ce que je tombe sur la bonne. Cela ne me prend généralement pas plus de dix secondes. En outre, laissant glisser mon regard sur ces informations, je me rafraîchis la mémoire.

En dernier lieu, utilisez *le système du sommaire répertorié.* Conservez vos calendriers mensuels et quotidiens dans des classeurs. Utilisez un classeur par année pour les stocker. Notez l'année en question sur la tranche du classeur. Chaque fois que vous insérez les calendriers mensuel et quotidien d'un mois révolu dans votre classeur annuel de stockage, prenez un quart d'heure pour reporter sur la dernière page de votre calendrier quotidien – « Notes et Mémos » – toutes les données intéressantes dont vous pourriez avoir besoin dans l'avenir. N'inscrivez que les mots clés concernant ces données – le nom d'une personne avec laquelle vous avez parlé, le sujet d'une réunion –, puis notez la date correspondante entre parenthèses.

Pour la recherche de données à long terme, utilisez un fichier alphabétique à cartes. A la fin de chaque mois, notez sur des cartes chacune des données inscrites dans votre calendrier quotidien, que vous désirez pouvoir retrouver. Réservez une carte à chaque donnée, qu'il s'agisse d'une personne ou d'un sujet. Si, au cours des mois suivants, cette personne ou ce sujet réapparaît, ajoutez les nouvelles informations sur la carte qui lui est consacrée. Imaginons qu'au mois de mars, vous ayez eu deux réunions et une conversation téléphonique avec Georges Dupond. Ces trois données, notées en trois endroits différents de votre calendrier quotidien, seront regroupées sur une même fiche, celle de Georges Dupond (voir encadré ci-dessous).

Dupond, Georges

1. Enregistré prix ordinateur (6 mars 1988)
2. Contre-proposition ordinateur (9 mars 1988)
3. Acte de vente ordinateur (20 mars 1988)

Ce procédé de classement alphabétique de données vous permet de retrouver instantanément toute information souhaitée, et cela sur plusieurs années. Si vous disposez d'un ordinateur, vous préférerez peut-être y entrer votre base de données, plutôt que d'utiliser un fichier à cartes.

Voici un exemple d'utilisation de ce système. Un jour, un ami me dit : « J'ai l'intention d'emmener ma famille faire un voyage en mobil-home, l'hiver prochain, sous la neige, dans le parc de Yellowstone. »

– C'est formidable, lui dis-je. Y es-tu déjà allé ?

Il me répondit que non.

– Pourrais-je te faire quelques suggestions à propos de ce voyage ? lui demandai-je.

– Mais bien sûr, acquiesça-t-il.

Je savais que mes conseils seraient pertinents. En effet, je conserve toujours des notes quotidiennes sur mes vacances : je note les prix, les distances, et d'autres informations. Je me plongeai dans mes anciens agendas, et dix secondes plus tard, j'avais sous les yeux, la page de mon rapport quotidien d'un agenda vieux de trois ans, sur laquelle figuraient toutes informations utiles à mon ami. Je pus lui donner la distance entre sa maison et l'entrée ouest du parc de Yellowstone, le nom d'un bon motel, les températures auxquelles il risquait de s'exposer en hiver, quel mobil-home louer pour la conduite dans la neige, et le prix de location. « Au fait, ajoutai-je, ne rate pas l'embranchement vers Firehole Canyon. Il y a là des chutes d'eau spectaculaires en hiver. »

Un autre de mes amis me dit qu'il allait bientôt cimenter le sol de son nouveau garage.

– Aimerais-tu que je te donne la formule de l'un des meilleurs mélanges existant pour obtenir du ciment ?

– Et comment ! s'exclama-t-il.

Je pris mon fichier de cartes alphabétique et en sortit une carte portant l'intitulé « Ciment ». Cette fiche me conduisit jusqu'à l'un de mes classeurs annuels de stockage, à la page du jour où j'avais déjeuné, à Abilene, avec le président d'une grande entreprise de fabrique de ciment. « Si tu désires de plus amples informations, dis-je à mon ami, voici le numéro du président. »

Rich Baldwin était pilote top niveau sur des chasseurs à réaction pendant la guerre du Viêt-nam et la guerre de Corée. C'est également l'une des rares personnes que je connaisse ayant atteint à l'harmonie intérieure. Un soir, ma femme et moi invitâmes Rich ainsi que quelques autres amis, pour qu'il nous régale de ces merveilleuses histoires, sur ses expériences miraculeuses en altitude. Tandis qu'il concluait son récit, je me souvins d'un poème « Haut Vol ». Je l'avais noté dans mon agenda, quelques mois plus tôt. En relisant mes sommaires de ces derniers mois, je retrouvai ce poème en quelques secondes. Je revins dans la salle à manger et le lut à mes amis, en concluant : « Rich Baldwin personnifie ce poème. »

Rich sourit et dit : « J'ai affiché ce poème dans ma chambre. Je le lis tous les matins. »

J'ai constamment besoin, dans ma vie professionnelle aussi bien que dans ma vie personnelle, de consulter mes sommaires répertoriés, afin d'y puiser des informations clés. Grâce à ces quatre procédés de recherche des données, je peux me souvenir de tout ce qui m'est arrivé ces dernières semaines, ces derniers mois, ces dernières années, et tout cela en quelques secondes seulement.

10.

VOUS ET L'ORGANISATION SOCIALE

Vous êtes un individu particulier, et si vous ne deviez tenir compte que de vous-même, il vous serait aisé de contrôler les événements. Mais on vit avec les autres dans des familles, des entreprises, des clubs, au sein d'organisations sociales de toutes sortes, dans des cités, des états, des nations. Dans ce chapitre et dans les six chapitres suivants, nous allons nous focaliser sur vous et sur l'entreprise dans laquelle vous gagnez votre vie. Tout au long de ces chapitres, n'oubliez jamais que ce que nous dirons à propos des entreprises, s'applique tout aussi bien à d'autres organisations sociales, telles que la famille.

En tant que membre efficace de cette organisation, vous pourriez être amené à en définir les structures. Pour être efficace, vous devez définir vos principes unificateurs et vivre en accord avec eux. Vos performances professionnelles doivent se trouver en harmonie avec les espérances de productivité de votre société. Vous devez vous focaliser sur les objectifs majeurs de votre entreprise, et les réaliser – c'est cela, l'efficacité. En outre, vous devez vous efforcer constamment de motiver vos associés afin d'atteindre de plus hauts niveaux de productivité.

Premièrement, définissez vos principes unificateurs et vivez en accord avec eux. De quel soutien avez-vous le plus besoin pour réussir dans votre entreprise ? De votre propre soutien. Vivre en harmonie avec vos valeurs vous donne un pouvoir au sein d'une entreprise, que vous n'obtiendrez d'aucune autre manière. Envisagez les choses de la façon suivante : Avec qui préféreriez-vous travailler, avec un individu dont les actes sont en harmonie avec ses valeurs, ou avec son contraire ? Avec une personne au comportement cohérent, évidemment. Tout le monde autour de vous partage ce sentiment.

Au fil des années et grâce à mes observations personnelles ou à des études que j'ai lues, j'ai pu repérer les facteurs majeurs de « désunification » qui réduisent l'efficacité des individus et irritent les employeurs. Vous pouvez vous tester et évaluer vos performances en regard de chacun de ces facteurs. Ce faisant, notez que chacun de ces facteurs est en rapport avec un ou plus des quatre principes unificateurs critiques suivants : être honnête, être digne de confiance, porter de l'intérêt aux autres, et s'engager à faire le mieux possible. Ces principes unificateurs concernent tout le monde dans une entreprise, aussi bien le directeur qu'un petit employé. Hélas, certains patrons se considèrent comme des êtres privilégiés, n'ayant à obéir qu'à leurs propres règles. Ils ont tort.

Placez une croix à la gauche de chaque question à laquelle vous aurez répondu oui. Soyez honnête avec vous-même.

LES FACTEURS LES PLUS COURANTS QUI RÉDUISENT L'EFFICACITÉ

Être honnête

1. Est-ce que j'arrive en retard à mon travail ou est-ce que je repars tôt le soir ?
2. Est-ce que je fais moins d'heures effectives de travail que je ne devrais ?
3. Ai-je tendance à prolonger la pause du déjeuner ?
4. Ai-je l'habitude de tirer au flanc ? Est-ce que je passe trop de temps à papoter avec mes collègues ?
5. M'arrive-t-il de feindre d'être malade et d'abuser des congés maladie ?
6. M'arrive-t-il de déformer les faits ou de pratiquer la rétention d'informations ?

Être digne de confiance

7. Est-ce que je règle mes affaires personnelles pendant mes heures de travail ?
8. M'arrive-t-il d'échouer dans la réalisation des objectifs définis par l'entreprise ?
9. Est-ce que je réserve de mauvaises surprises à mon patron ?
10. Est-ce que j'agis seul sans demander d'éclaircissement sur la marche à suivre à qui de droit ?
11. Est-ce que mon patron sait où me joindre à n'importe quel moment ?
12. Est-ce que je trahis des confidences ?

Porter de l'intérêt aux autres

13. Ai-je une attitude négative, égoïste ?
14. Suis-je excessivement agressif avec les autres, ou systématiquement intimidant ?

15. Suis-je arrogant ?
16. Ai-je tendance à m'approprier les succès des autres ?
17. Suis-je parfois de mauvaise humeur ou mesquin ?
18. Est-ce que je me lamente sans cesse ?

S'engager à faire le mieux possible

19. Peut-on me reprocher de ne pas avoir les capacités requises ?
20. Est-ce que je travaille trop lentement ?
21. M'arrive-t-il de ne pas suivre les instructions qu'on m'a données ?
22. Est-ce que je fais des erreurs impardonnables ou est-ce que je m'installe dans la médiocrité ?
23. Est-ce que je manque de dévouement dans mon travail ?

Si vous avez répondu oui à une ou plusieurs de ces questions, je vous suggère de vous fixer pour objectif de maîtrise du temps : venir à bout de vos imperfections.

Deuxièmement, ayez des performances qui soient en rapport avec les espérances productives de votre société. Dans leur étude sur les cinq cents entreprises les mieux gérées (citées par le magazine *Fortune*), *Le Prix de l'Excellence*, Thomas J. Peters et Robert H. Waterman, citent T.J. Waston, le fondateur de la société IBM :

> « Je crois fermement que toute entreprise qui veut survivre et réussir, doit baser toutes ses règles d'action sur un ensemble de convictions solides. En outre, je suis persuadé que le facteur le plus important de la réussite d'une société est son adhésion totale à ces convictions. En dernier lieu, je crois que toute entreprise confrontée au défi d'un monde qui change, doit se préparer à changer elle-même, et dans tous les domaines, sauf dans celui des valeurs de base qu'elle a définies. »

J'emploie le terme d'« espérances productives » pour désigner les principes unificateurs, aussi bien que les modes d'action d'une entreprise, et ses « rituels » institutionnalisés. Des objectifs appropriés à la bonne marche de la société, émanant du comité directeur, servent également à définir les espérances productives. Il y a hélas trop peu d'entreprises qui cherchent, définissent et transmettent clairement leurs espérances productives à leurs employés. J'en connais pourtant une qui a fait cela parfaitement : il s'agit de Hewlett Packard. Bill Hewlett et Dave Packard les ont définies, au tout début de l'existence de leur entreprise. Tous leurs employés peuvent en prendre facilement connaissance. En privé, on les connaît sous le nom de « La manière HP ». Il y a plusieurs années, l'une des listes illustrant « la manière HP » présentait les points suivants :

1. Croire en autrui.
2. Acquérir un plus grand amour-propre.
3. Encourager le sens de la réussite.
4. S'aider les uns les autres.
5. Communiquer de manière ouverte.
6. Se réserver le droit à l'erreur.
7. Promouvoir la formation continue.
8. Offrir la sécurité de l'emploi.
9. Prendre toutes les assurances.
10. Gérer par objectifs.

Pour s'être conformée à ces principes unificateurs et à d'autres espérances productives, Hewlett Packard a acquis la réputation d'être la société la mieux gérée des États-Unis. J'ai personnellement rencontré des centaines de cadres de Hewlett Packard lors de mes séminaires, et aucun d'entre eux ne m'a paru mécontent de son entreprise.

Quand il a fondé IBM, Watson a également établi une liste de principes unificateurs destinée à ses employés :

1. Respecter l'individu.
2. Offrir des services de qualité à nos clients.
3. S'engager à faire le mieux possible.

Parce que les principes unificateurs constituent le cœur des espérances productives, ils doivent être universels et représentatifs des vérités les plus nobles, si bien que refuser de les admettre reviendrait à renier des choses aussi sacrées que sa propre famille. En outre, ils doivent être simples, car il est difficile, pour ne pas dire impossible de se conformer à un grand nombre de principes unificateurs compliqués. La simplicité des principes unificateurs de Hewlett Packard et d'IBM fut en partie garante de leur succès. (Les principes unificateurs d'autres entreprises sont exposés dans l'appendice 2 pour donner aux directeurs de société qui se trouvent en position de définir les leurs, une idée sur la façon de procéder.)

Il ne faut pas confondre les principes unificateurs d'une entreprise avec la mission que celle-ci doit remplir. Dans une entreprise, les principes unificateurs ne sont pas synonymes d'objectifs, mais bien de convictions clairement définies, de valeurs de base, énoncées comme des vérités universelles destinées à guider l'entreprise dans son fonctionnement. Afin d'assurer une bonne cohésion au sein de la compagnie, ils seront transmis du haut en bas de l'échelle. Plus il y aura d'employés qui se sentiront concernés par ces principes, et plus ces principes seront réellement respectés. La tâche de chaque personne dans l'entreprise est de chercher, à connaître, puis mémoriser ces principes unificateurs afin de s'y conformer.

En tant que base de la planification des objectifs, les

principes unificateurs d'une entreprise sont aussi utiles à celle-ci que les principes unificateurs personnels le sont à l'individu. Prenons, par exemple, le principe unificateur de société « Offrir un service de qualité à nos clients ». Voilà l'une des pierres angulaires de toute pyramide de productivité bien pensée. Les objectifs de l'entreprise sont fondés sur cette conviction. Dans le département marketing, cet objectif pourrait prendre les formes suivantes : « Chaque acheteur d'un terminal d'ordinateur bénéficiera de dix heures de formation gratuite à l'informatique » ou encore « Durant les deux mois qui suivront chaque vente, on téléphonera au moins deux fois à l'acheteur pour savoir s'il ne rencontre aucun problème d'utilisation ».

Troisièmement, se focaliser sur les objectifs majeurs de l'entreprise et les réaliser. Nous avons défini l'efficacité comme la capacité à se focaliser sur ses objectifs vitaux et à les réaliser, mais l'efficacité est également la base de la productivité, dans un effort collectif au sein de l'entreprise. Grâce à un effort collectif dans la gestion d'une entreprise, les énergies convergent toutes dans le sens du succès. Dans votre secteur de responsabilités, faites ce que vous réussissez le mieux et encouragez les autres à agir de même. Tous les employés d'une entreprise doivent se focaliser sur les objectifs majeurs de celle-ci.

Quatrièmement, motiver constamment ses associés afin d'atteindre de plus hauts niveaux de productivité. Il y a de nombreuses années, je travaillais pour un patron brillant, célèbre, et respecté. Je l'avais mis sur un piédestal, et un jour, j'emmenai Mark, mon fils, au bureau, pour qu'il rencontre cet homme formidable.

– Mark, dis-je, je te présente mon patron.

Immédiatement, celui-ci me reprit.

– Mark, dit-il, ne me considère pas comme le patron de ton père. Nous sommes des associés, et, ensemble, nous faisons un travail important. Ton père est un membre clé dans l'entreprise.

Si vous désirez motiver vos associés, ne vous élevez jamais au-dessus d'eux. Ne les éblouissez pas avec vos connaissances. Focalisez-vous sur un petit nombre d'objectifs prioritaires, dont vous savez pouvoir leur confier la réalisation avec succès. Définissez les résultats que vous désirez obtenir. Puis laissez les agir à leur guise, tout en leur assurant que vous les savez capables de mener à bien vos objectifs communs. Félicitez-les quand ils le méritent, et lorsque vous faites des critiques, ménagez leur amour-propre.

Les six chapitres suivants auront également pour thème l'individu – vous – au sein de l'entreprise. Ils mettront l'accent sur la manière de gagner du temps.

11.

SACHEZ OÙ PASSE VOTRE TEMPS

Parmi les choses nécessaires à votre succès dans une entreprise, la plus difficile est de réussir à bien gérer votre temps. Pour cela, vous devez maîtriser les événements qui se déroulent autour de vous. Or, il y a de fortes chances pour que vous ne sachiez pas vraiment à quoi vous employez vos journées. L'emploi de votre temps une fois décomposé dans le Registre d'Efficacité, vous trouverez les réponses que vous cherchez.

LE REGISTRE D'EFFICACITÉ

Le chef de produits d'une entreprise de Lincoln, dans le Nebraska, spécialisée dans la commercialisation d'engins de terrassement, fit l'expérience du Registre d'Efficacité pendant quinze jours. Il s'aperçut qu'il perdait une heure et demie, chaque jour, à être interrompu dans son travail par les gens qui passaient près de son bureau. Il décida donc de quitter la zone bruyante et passante dans laquelle il travaillait, et d'installer son bureau dans un coin tranquille de son siège social. C'est ainsi qu'il cessa de perdre une heure et demie de travail par jour. Nous calculâmes que grâce à ce procédé, il fit économiser 36 000 francs par an à son entreprise.

Le président d'une grande compagnie d'assurances de Houston, au Texas, fit l'expérience du Registre d'Efficacité pendant seulement une journée, puis réaménagea son emploi du temps en fonction des résultats obtenus. Après quoi il me dit que sa productivité personnelle avait augmenté de 30 %.

Une directrice des ventes à Los Angeles comptabilisa, grâce à ce système, plus de soixante interruptions quotidiennes dans son travail, et ce sur une période de trois jours. Le quatrième jour, elle afficha sur un mur de son bureau la feuille sur laquelle elle consignait ces diverses interruptions. Tous les gêneurs voyaient désormais qu'elle gardait une trace de leurs irruptions inopportunes. Elle constata qu'à la fin de la semaine, rares étaient ceux qui osaient encore l'interrompre dans son travail sans raison valable.

En utilisant le Registre d'Efficacité, l'un de nos clients s'aperçut qu'il passait vingt-quatre minutes dans son bain chaque matin, alors que s'il prenait une douche, cela ne prenait que quatre minutes. Par conséquent, il décida de ne plus prendre que des douches, et de mettre les vingt minutes ainsi libérées à profit pour planifier quotidiennement son temps.

Au début du siècle, le sociologue italien Vilfredo Pareto émit l'hypothèse que nous accomplissons 80 % de nos tâches essentielles, durant seulement 20 % de notre temps. Inversement, nous passons la majeure partie de nos journées à faire des choses sans grande importance. Mes conclusions personnelles, après avoir analysé les performances de cadres moyens grâce au Registre d'Efficacité, donnent raison à Pareto. Que vous soyez directeur dans une entreprise, agent immobilier, directeur des ventes, étudiant ou secrétaire, le Registre d'Efficacité vous aidera à déterminer précisément :

- A quoi vous employez votre temps.
- S'il existe une harmonie parmi les responsabilités qui vous incombent.
- Combien vous avez de temps libre et inemployé par jour.
- Quelles priorités vitales vous pourriez bien négliger.
- Dans quelle mesure les facteurs de perte de temps affectent vos performances.
- Dans quelle mesure vous réussissez à réaliser vos objectifs.

En outre, vous prendrez réellement conscience du fait qu'il est très important que vous gériez mieux votre temps. Par ailleurs, grâce au Registre d'Efficacité, chaque fois que vous retomberez dans vos vieilles habitudes de gestion inefficace du temps, vous vous en apercevrez.

Comparativement au registre du temps traditionnel, le Registre d'Efficacité est unique. Le registre traditionnel consiste généralement en une feuille de papier avec des lignes, sur lesquelles vous apposez des notations toutes les cinq minutes. Le Registre d'Efficacité est divisé en neuf catégories d'utilisation du temps (voir page 168). Par conséquent, l'évaluation du temps ainsi départagé s'avère plus rapide et plus révélatrice qu'une évaluation à partir d'un registre traditionnel. Sur le Registre d'Efficacité, apparaissent également les données classifiées par ordre de priorité. Aussi pouvez-vous juger avec précision de la répartition de votre temps entre vos priorités A, B, C, et D.

Prenez l'engagement vis-à-vis de vous-même, de tenir votre Registre d'Efficacité, et ceci aussi longtemps qu'il le faudra pour obtenir une image représentative de l'utilisation de votre temps. Vous trouverez un exemple de Registre d'Efficacité annoté page 169.

Tenez votre Registre d'Efficacité pendant au moins une semaine. Nombreux sont les directeurs d'entreprise qui doivent tenir le leur pendant deux semaines avant d'obtenir

Date ______________________

H. DEPART	CATEGORIES GENERALES															
H. DERNIERE NOTATION		min		min		min		min		min		min		min	AUTRES	min
	☐		☐		☐		☐		☐		☐		☐		☐	
	☐		☐		☐		☐		☐		☐		☐		☐	
	☐		☐		☐		☐		☐		☐		☐		☐	
	☐		☐		☐		☐		☐		☐		☐		☐	
	☐		☐		☐		☐		☐		☐		☐		☐	
	☐		☐		☐		☐		☐		☐		☐		☐	
	☐		☐		☐		☐		☐		☐		☐		☐	
	☐		☐		☐		☐		☐		☐		☐		☐	
	☐		☐		☐		☐		☐		☐		☐		☐	
	☐		☐		☐		☐		☐		☐		☐		☐	
	☐		☐		☐		☐		☐		☐		☐		☐	
	☐		☐		☐		☐		☐		☐		☐		☐	
	☐		☐		☐		☐		☐		☐		☐		☐	
	☐		☐		☐		☐		☐		☐		☐		☐	
	☐		☐		☐		☐		☐		☐		☐		☐	
TPS TOTAL JOURNEE																
% TRAVAIL JOURNEE																

Date ______

DEPART 8H00	CATEGORIES GENERALES																	
HEURE NOTATION	PLANNING	min	REUNIONS	min	INTERRUPTIONS	min	COURRIER	min	PREOCCUPAT°	min	LECTURE	min	PROJETS	min	TELEPHONE	min	AUTRES	min
8H16	Liste Action	9			[D] Gilles râle sur job	7												
8H21															[C] Luc parle de ski	5		
8H30															[A] Luc suggère publicité	9		
9H02					[D] Indiqué sortie à Client	3	[A] Dicté lettre à Isabelle	7			[A] Article Challenges	15						
9H30							[B] Memo réunion vente	8			[A] Article Challenges	13	[D] réécrit contrat	7				
9H47			[B] nouvelle politique vente	17														
10H26			[D] discussion sur rémunération	19					[D] inquiet grève PTT	20								
10H45			[B] Plan d'action arrêté	19														
11H47							[B] Ecrit lettre à avocat	40	[C] pense à rencontre syndicat	9			[A] Grandes lignes projet T	13				
12H29	[A] rédigé priorités du mois	42																
12H54															[B] Jean : nouveau contrat	25		
13H57			[A] Vu Gilles et Jean	23													[B] Déjeuner	40
14H22													[A] Projet T	25				
15H10			[A] Projet Z pour patron	24	[B] Paul en retard s/ dossier	18									[A] Avocat : procès, gagné	6		
17H07	[A] Planning demain	20			[B] Aidé Paul s/ dossier	20					[B] Dossier Ordinateur	25	[A] Rapport Salinas	33	[B] Patron : CA prévu ?	7	[C] Discussion avec service	12
TOTAL JOURNEE	71		102		48		55		36		53		78		52		52 = 547	
% TRAVAIL JOURNEE																		

une image représentative de l'utilisation de leur temps. Plutôt que d'attendre une semaine de travail type, décidez de commencer un jour, au hasard, puis continuez. Vous aurez besoin d'une feuille ou plus chaque jour. Il ne vous faudra que quinze secondes pour y inscrire une donnée. Sur une journée de huit heures, le temps consacré à noter les données ne dépasse pas huit minutes.

Reportez vos neuf catégories d'utilisation du temps dans les cases du haut de la feuille. Vous pourriez faire votre choix parmi les catégories suivantes : planning, correspondance, réunions officielles (trois personnes et plus), réunions informelles (deux personnes), lecture, rédaction de rapports, téléphone, discussions avec les collègues, moments de préoccupation, interruptions. Les catégories que vous choisissez doivent être représentatives de la majorité de vos activités lors d'une journée type. Dans la colonne intitulée « Autres », vous rangerez les données qui ne rentrent dans aucune de vos catégories. Il pourrait être utile de faire l'essai du Registre d'Efficacité pendant une journée, avant de vous y atteler pour de bon. Ainsi, vous vérifierez si les catégories choisies sont réellement représentatives de vos activités. Mais ne changez pas ces catégories, une fois que vous aurez officiellement commencé à tenir votre Registre d'Efficacité.

Sous l'intitulé « Heure de départ », notez l'heure de la journée à laquelle vous commencez à tenir votre Registre d'Efficacité. Puis, chaque fois que vous entrez une nouvelle donnée, inscrivez l'heure à laquelle vous l'avez notée dans la colonne « Heure de notation ». Toutes les quinze ou vingt minutes – une période entre le report de deux données ne doit jamais dépasser trente minutes – notez le genre d'activité qui a retenu votre attention durant ce laps de temps dans la colonne appropriée. N'utilisez pas plus de quatre mots pour noter une donnée. Inscrivez en regard de votre activité le nombre de minutes que vous lui avez consacré. Essayez de reporter une nouvelle donnée sur votre registre, chaque fois que vous passez d'une activité à une autre. Si vous avez une conversation téléphonique qui s'éternise ou qu'un visiteur reste longtemps dans votre bureau, reportez le descriptif de ce moment aussitôt que vous le pourrez sur votre registre, afin que celui-ci reste vraiment calqué sur le moment présent. Si vous dirigez une réunion, demandez à votre secrétaire de noter précisément comment vous employez votre temps pendant ce moment.

Si vous travaillez seul, une montre avec une alarme pourrait vous être utile ainsi qu'un chronomètre. Arrêtez l'aiguille du chronomètre lorsque vous entrez une information dans votre registre et libérez l'aiguille dès que vous en aurez fini avec cette activité.

Vous devez être absolument honnête avec vous-même en reportant vos données sur votre Registre d'Efficacité. Ne laissez personne les lire. Ainsi, vous vous assurerez une objectivité maximum. Pendant toute la période où vous tiendrez votre Registre d'Efficacité, gardez toujours celui-ci à l'intérieur de votre agenda que vous emportez partout avec vous.

A la fin de chaque période de quinze ou vingt minutes, chaque fois que vous reportez la nature de l'activité accomplie sur votre registre, inscrivez également dans le petit carré correspondant le niveau d'importance de l'événement en question. Utilisez les symboles habituels : A pour vital, B pour important, C pour intérêt limité et D pour complète perte de temps. Référez-vous aux cinq questions qui permettent de classer les tâches quotidiennes par ordre de priorités – voir chapitre 9 – pour leur donner une note dans votre Registre d'Efficacité. La liste de ces cinq questions doit figurer dans les premières pages de votre agenda.

Respectez les règles suivantes pour tenir votre Registre d'Efficacité.

N'omettez aucun détail. Plus une donnée est d'ordre général, et plus son analyse sera inefficace.

Lorsque vous reportez une information, ne vous fiez pas à votre mémoire. Notez des données pratiquement tous les quarts d'heure.

Ne vous fabriquez pas un registre dans lequel vous aurez l'air efficace quoi qu'il arrive. Ne trichez pas. Restez objectif.

Identifiez le degré d'importance de chaque donnée : A, B, C ou D.

Ayez pour objectif de faire une analyse minutieuse de votre registre.

Catégories	Prévu	Réel	Planifié
		(Résultats Registre d'Efficacité)	
1. Planning	20 %	15 %	25 %
2. Réunions	30 %	43 %	20 %
3. Rapport/mémos	20 %	15 %	10 %
4. Correspondance	3 %	5 %	5 %
5. Interruptions	22 %	20 %	5 %
6. Lecture	2 %	0 %	15 %
7. Téléphone	3 %	2 %	2 %
8. Visites usine	0 %	0 %	18 %
Total	100 %	100 %	100 %

Il peut être utile de prévoir le pourcentage de temps que vous pensez accorder à chaque catégorie d'activités et de vous remémorer, périodiquement vos objectifs de Maîtrise du Temps.

Pour commencer l'analyse de l'emploi de votre temps,

faites le total des minutes consacrées à chaque catégorie d'activités, à la fin de chaque journée. Puis divisez le total de chaque colonne par la somme de tous les totaux. A l'issue de la période durant laquelle vous aurez tenu votre Registre d'Efficacité – une ou deux semaines – calculez vos pourcentages généraux par catégories. Le tableau ci-contre vous donne un exemple d'analyse fiable de vos résultats.

Utilisez les questions suivantes pour vous guider dans l'analyse de vos résultats :

1. Y-a-t-il un bon équilibre entre les différentes catégories d'activités, en regard de ce que l'on attend de moi ?
2. Ce Registre d'Efficacité montre-t-il que mes performances sont en harmonie avec les espérances de productivité de mon entreprise ?
3. Ce registre montre-t-il que je réponds aux attentes de mon patron ?
4. Selon mon estimation personnelle, mon salaire est-il en rapport avec les résultats apparaissant sur le Registre d'Efficacité ?
5. Pendant toute la période durant laquelle j'ai tenu ce registre, quel pourcentage de mon temps ai-je consacré aux événements A, B, C, et D ?
6. Dans quelle mesure les résultats apparus sur le registre sont-ils en rapport avec mes listes d'objectifs quotidiens ?
7. Quels sont les événements C et D qui reviennent le plus souvent ?
8. Quels événements C et D puis-je éliminer et quels sont ceux dont je peux réduire la fréquence ?
9. Quels coups de téléphone, quelles visites ou quelles

réunions auraient pu durer moins longtemps ou ne pas avoir lieu ?

10. Quelle personne ou quel événement m'ont le plus souvent interrompu dans mon travail ? Quelles étaient les causes de ces interruptions ? Et comment puis-je les contrôler ?
11. Quel pourcentage du temps d'interruption était fonctionnel ?
12. Et quel pourcentage était disfonctionnel ?
13. Quelle était la part du temps libre ou inemployé de chaque journée ?
14. A quel moment de la journée étais-je le plus productif ?
15. Et le moins productif ?
16. Quelles sont les habitudes de travail que je dois garder et quelles sont celles dont je dois me défaire ?
17. Quelles sont les choses que j'ai faites moi-même et que j'aurais pu donner à faire à d'autres ?
18. Qui ai-je interrompu le plus fréquemment ? Combien de fois ? Et pourquoi ?

A la fin de chaque journée durant laquelle vous aurez tenu votre Registre d'Efficacité, posez-vous les questions supplémentaires suivantes :

1. A quelle heure ai-je commencé à réaliser mon objectif A1 aujourd'hui ?
2. Aurais-je pu m'y mettre plus tôt ?
3. Quelque chose m'a-t-il empêché d'en achever la réalisation ? Quoi ? Et pourquoi ?
4. Aurais-je pu ne pas me laisser distraire ?
5. Ai-je repris les choses en main aussitôt après ?
6. Qu'est-ce que j'aurais pu faire différemment aujourd'hui ?

7. *Et enfin la question clé:* Quel est mon problème majeur de Maîtrise du Temps en ce moment?

L'un des cadres les plus respectés des États-Unis, directeur général de l'une des entreprises les mieux gérées de ce pays, citées dans le magazine *Fortune,* fit l'expérience du Registre d'Efficacité avant de participer à un séminaire sur la Maîtrise du Temps. Les conclusions qu'il en tira sont typiques des observations faites par tous les cadres supérieurs que j'ai rencontrés dans l'exercice de ma profession : cet homme ne contrôlait que 10 % de son temps et il était interrompu sans arrêt dans son travail. Il suivit le séminaire sur le Système de Maîtrise du Temps, puis il mit en application les procédés préconisés par cet enseignement. Après quoi, il tint de nouveau un Registre d'Efficacité. Alors il me rapporta, tout excité, que désormais il contrôlait 25 % de son temps, ce qu'il jugeait « phénoménal »! En outre, il m'apprit qu'il ne se laissait plus du tout interrompre dans son travail et qu'il était désormais focalisé mieux que jamais sur ses « facteurs critiques de succès » (ses objectifs de société). Procéder à des études comparées, ainsi que le fit ce grand industriel, peut vous être d'un grand secours. Cet homme accrut grandement son efficacité.

LES FACTEURS DE PERTE DE TEMPS

Si l'on vous posait la question 7 (voir ci-dessus), que répondriez-vous? Quel est, en ce moment, votre problème majeur de Maîtrise du Temps? Les interruptions? C'est la réponse que me donnent la plupart des gens dans les séminaires. Mais je ne suis pas d'accord avec eux. Le facteur de perte de temps le plus important, mais le moins bien compris, c'est la rationalisation, l'auto-justification, le fait de tenter de masquer la disharmonie régnant entre nos actes et nos principes unificateurs, nos valeurs. La plupart des gens passent des milliers d'heures dans leur vie, en proie à des conflits internes qui induisent des attitudes négatives, d'inutiles querelles, et même des batailles en justice. La disharmonie créée par la « désunification » * affecte tout aussi bien les gens qui nous entourent.

Bien que la désunification due à l'auto-justification représente le pire des facteurs de perte de temps dont nous puissions souffrir, c'est celui que mes clients mentionnent le moins souvent. A vrai dire, ils ne le mentionnent pratiquement jamais. Mais qui a envie d'admettre que ses actes trahissent ses valeurs ? Et puis, qui a jamais fait le rapprochement entre désunification et perte d'efficacité ?

Lorsque vous cherchez à justifier un acte aberrant, vous êtes déconnecté de la réalité et perdez le contrôle des événements. Les gens autour de vous qui agissent ainsi peuvent vous compliquer la tâche et rendre la vie difficile à tous ceux qui les approchent. Et cela peut diminuer considérablement la productivité. L'un de vos objectifs majeurs de Maîtrise du Temps, c'est de définir vos principes unificateurs, et grâce à votre planification quotidienne, de faire concorder vos actes avec eux. Lorsque vos performances sont en harmonie avec vos valeurs, l'auto-justification n'a plus lieu d'être.

Une mauvaise planification du temps est un autre facteur de perte de temps.

Bien que des interruptions trop fréquentes dans leur travail soient assimilées à des facteurs de perte de temps par les directeurs d'entreprises, leurs ennemis réels sont les interruptions inutiles. Notez que j'ai employé le terme « inutile ». En effet, nombreuses sont les interruptions utiles.

* Le fait de ne pas agir en accord avec ses valeurs.

Une façon de vous en persuader, c'est de vous poser la question suivante : « Si l'on ne m'avait pas interrompu une seule fois dans mon travail depuis un mois, où en serais-je aujourd'hui ? » Alors, pourquoi ne pas prévoir ces interruptions utiles dans votre planning matinal quotidien ? » Essayez de déterminer quelles sont les personnes qui pourraient vous interrompre utilement durant la journée et prévoyez d'avoir une petite réunion avec eux dès que vous arrivez au bureau le matin. Encore une suggestion : « Pourquoi ne pas planifier ces interruptions en dehors du temps réservé aux objectifs A1 ? » Les cadres moyens sont interrompus en moyenne toutes les huit minutes. Les cadres supérieurs toutes les cinq minutes et le temps libéré est d'une grande valeur pour nous tous. Pendant ce temps-là, nous pouvons travailler sérieusement à l'accomplissement de nos tâches. Si vous êtes maître de votre emploi du temps, vous pourriez juger productif de rester quelques heures chez vous avant d'aller au bureau, afin de vous concentrer sur vos objectifs prioritaires. Après vous vous rendez au bureau et assumez parfaitement les interruptions.

Les interruptions inutiles les plus souvent mentionnées par nos clients sont les bavardages avec les collègues. Les autres facteurs de perte de temps les plus fréquemment cités sont le manque d'auto-discipline, la tendance à tout remettre au lendemain, et le fait de n'avoir pas clairement défini ses objectifs.

L'un des avantages du Registre d'Efficacité est de vous aider à identifier vos propres facteurs de perte de temps. Et bien sûr, les actes qui en découlent sont à ranger dans la catégorie D, la catégorie des futilités. Il s'agit des tâches et projets que vous gagneriez à rayer de votre vie. Les facteurs de perte de temps sapent votre énergie. Voyons maintenant quels sont les plus courants, ceux qui apparaissent le plus souvent sur les Registres d'Efficacité. Divisons-les tout d'abord en deux groupes : ceux que vous vous créez vous-mêmes et ceux que vous impose l'organisation sociale au sein de laquelle vous travaillez.

LES FACTEURS DE PERTE DE TEMPS QUE VOUS VOUS IMPOSEZ

L'auto-justification;
une planification insuffisante;
l'incapacité de prévoir les événements;
des objectifs mal définis;
une mauvaise estimation du temps imparti à vos tâches;
la tendance à tout remettre au lendemain;
le fait de vouloir trop en faire;
vos propres erreurs;
la tendance à attacher trop d'importance aux détails;
le fait de répartir les tâches entre vos collaborateurs d'une manière inefficace;
l'obsession de vouloir tout contrôler;
régler vous-même ce que vous pourriez confier à d'autres;
téléphoner à des gens au mauvais moment;
discuter trop souvent avec ses collègues;
l'incapacité à se débarrasser des visiteurs inopportuns;
les préoccupations;
les perturbations émotionnelles;
le manque de discipline;
la crainte d'offenser l'autre;
l'incapacité de dire non;
les conflits;
ne pas savoir écouter;
lire trop lentement;
la présence d'objets qui entraînent une perte de concentration dans votre travail.

LES FACTEURS DE PERTE DE TEMPS IMPOSÉS PAR L'ORGANISATION

L'auto-justification des autres;
la mauvaise planification des autres;
le manque de politique générale dans l'entreprise;
des valeurs inconsistantes à l'intérieur de l'entreprise ou du département dans lequel vous travaillez;
les objectifs prioritaires conflictuels des autres;
des modifications des objectifs prioritaires de la direction;
un rôle mal défini;
le manque d'autorité;
les réunions;
les retards;
le fait d'attendre les décisions de vos supérieurs;
une mauvaise communication interne;
l'absence de répondant;
une mauvaise définition des problèmes;
les erreurs des autres;
les visites qui se prolongent;
devoir rédiger sur-le-champ des rapports qui auraient pu attendre;
une pléthore de personnel;
un manque de personnel;
un manque de personnel de bureau;
un manque de personnel compétent;
une secrétaire inefficace;
les attitudes négatives;
les distractions.

J'ai placé l'auto-justification en tête de ces deux listes, parce que l'on s'auto-justifie aussi souvent que le font les autres.

En analysant votre Registre d'Efficacité, vous pourrez identifier les pires de vos facteurs de perte de temps, et ceci dans les deux catégories – ceux que vous vous créez vous-même et ceux que l'organisation vous impose. Alors vous pouvez entreprendre de les dépasser. Le Système de Maîtrise du Temps vous donne les outils de base pour contrôler mieux ces facteurs de perte de temps.

12.

DEUX FACTEURS DE PERTE DE TEMPS PRÉOCCUPATION ET ATTITUDE NÉGATIVE

PRÉOCCUPATION

Vous est-il déjà arrivé, alors que vous rouliez sur une route nationale, de réaliser subitement que vous n'aviez aucun souvenir des vingt derniers kilomètres que vous veniez de parcourir? Pourquoi cela? Vous étiez distrait, ou préoccupé. Nous le sommes tous.

Ma distraction a failli me coûter la vie, un soir de Noël – et d'orage –, il n'y a pas si longtemps. Je me trouvais sur l'autoroute, sur la voie de droite, à environ cinq kilomètres de la maison. Je me souviens que j'écoutais un concerto de Tchaïkovsky sur le radiocassette de la voiture. Distrait par la musique, je ne m'étais pas aperçu que je roulais à cent à l'heure sous une pluie aveuglante. Brusquement, je repris mes esprits, et levai aussitôt le pied de l'accélérateur. Je baissai un instant les yeux vers l'autoradio, tendis la main vers l'appareil pour diminuer le volume de la musique, et fis une embardée sur l'accotement boueux non stabilisé. Ma voiture glissa sur l'herbe grasse en diagonale, et fonça à une vitesse encore considérable, vers une barrière de sécurité.

Je donnai un coup de volant sur la gauche et évitai une première barrière de sécurité, mais de peu, d'environ quinze centimètres. Puis j'évitai une seconde barrière de sécurité, de cinquante centimètres cette fois. Passé ces barrières je rétablis bientôt la direction de la voiture après avoir zigzagué. J'écrasai alors la pédale de freins, faisant un tas de trente centimètres de boue devant mes roues avant. La voiture s'était arrêtée à quelques centimètres seulement de la voie de droite où passaient des voitures.

Dans des moments comme celui-là, on pense à ce qu'on a de plus cher dans la vie. Je pensai à ma femme, à mes enfants, et les mains toujours rivées au volant, je dis tout haut : « Quel cadeau de Noël ç'aurait été pour ma famille! »

Ce soir-là, je gérai mal mon temps. Je perdis le contrôle des événements. Pourquoi? J'étais préoccupé. Je ne cessai de penser à cet incident.

Les accidents, qu'ils soient automobiles, ménagers, professionnels – enfin, la plupart d'entre eux je pense – résultent d'un manque de concentration. Chaque fois que nous sommes distraits ou préoccupés, nous perdons le contact avec la réalité. Nous ne sommes pas dans un état propice à bien gérer notre temps.

Être préoccupé, voilà l'un des facteurs de perte de temps les plus débilitants que nous nous créons à nous-mêmes. Le fait d'être préoccupé nous tient éveillé la nuit et endormi le jour. Tandis que le pouvoir d'imagination est à la base de toute gestion efficace du temps, les obsessions et autres pensées mal à propos ont des effets dévastateurs sur notre capacité à bien contrôler les événements.

Comment s'en débarrasser? En pensant et en agissant avec à-propos. Ma profession me met en contact avec certains des plus grands industriels et professionnels de notre temps. L'une des choses qu'ils ont en commun, c'est leur capacité à ne jamais tenir compte de ce qui pourrait les détourner de leurs objectifs vitaux, et à se focaliser sur ceux-ci. Concentrés sur leurs objectifs prioritaires, ils agissent avec une grande vigilance. Et pour garder le contrôle des événements vitaux, il faut avoir l'esprit vif et savoir clairement où l'on va.

Dans son livre *La Gestion du Temps,* James T. McCay, écrit : « Vous pouvez augmenter votre rendement en améliorant votre capacité à saisir d'une manière aiguë, claire et rapide, ce qui se passe autour de vous. » Plus loin, McCay émet l'hypothèse que les images qui se forment dans notre esprit influent sur nos actes. Si nous ne nous représentons pas clairement les événements, nous ne devrions pas agir.

A quand remonte votre dernière erreur de jugement ? Quelle est la dernière décision que vous avez prise et avez regrettée par la suite ? Aviez-vous une image claire des événements lorsque vous avez pris cette décision ? Probablement pas. En tout premier lieu, focalisez-vous sur les faits, afin d'obtenir une image claire des événements. Les faits nous mettent en rapport direct avec la réalité.

Avez-vous jamais assisté à une réunion qui se prolongea plusieurs heures, et remarqué que l'un de vos collègues semblait particulièrement abruti ? Il avait les yeux vitreux, les paupières mi-closes. Subitement, il paraissait stupide. Quel était son problème ? Il était préoccupé. Son esprit s'était focalisé sur quelque chose sans rapport aucun avec cette réunion. Il ne voyait pas clairement ce qui se passait autour de lui. Il était déconnecté de la réalité.

Ainsi que McCay le fait remarquer dans son livre, un individu préoccupé, dans une réunion, soulève des objections concernant des décisions encore non statuées, approuve des idées non exprimées et répond à des questions non posées.

Chaque fois que vous êtes préoccupé, vous n'êtes pas en état de gérer votre temps. Vous pouvez progressivement retrouver le contrôle des événements, en recouvrant graduellement votre capacité d'attention jusque-là absorbée par vos préoccupations.

Six procédés de maîtrise du temps peuvent vous y aider.

Premièrement, changez vos habitudes. Ce qui est habituel, ne requiert pas une grande vigilance : marcher dans la rue, être assis dans une réunion en tant qu'observateur, être allongé sur son lit, parfaitement réveillé. Toutes ces choses habituelles font de vous le candidat rêvé à la pensée vagabonde. Bien entendu, certaines de vos habitudes doivent rester les mêmes : la manière dont vous faites démarrer votre voiture; manger de la main gauche si vous êtes gaucher; vous habiller après avoir pris une douche. Mais nous avons tous des habitudes, qui, légèrement modifiées, nous apporteraient un meilleur contrôle sur les événements. Vous pourriez vous poser la question suivante : « Quelles sont, parmi mes habitudes, celles que je pourrais modifier ? »

Nombreux sont ceux qui ne font jamais de pause durant leur journée de travail. Pourtant, la productivité se verrait accrue dans bien des cas, si l'on prenait l'habitude de s'accorder un petit répit le matin et un autre l'après-midi. Il y a également ceux qui ne sortent jamais déjeuner, ou qui se font apporter leur repas au bureau, afin de pouvoir continuer à travailler. Pourtant, c'est souvent une bonne chose que de s'extraire un court moment de son environnement de travail pour aller déjeuner. La plupart du temps, vous vous sentirez plus performant en rentrant.

Nous vous avons déjà suggéré d'acquérir un certain nombre d'automatismes afin de contrôler au mieux les événements : emporter votre agenda avec vous où que vous alliez; classer vos tâches quotidiennes par ordre de priorité chaque matin, à la même heure, et consacrer une demi-heure à cette planification. Si vous décidez de prendre l'habitude de vous lever trente minutes plus tôt tous les matins, à la fin de l'année, vous aurez gagné quatre semaines et demie de temps de travail consacré à la planification. Une autre habitude d'importance vitale : vous réserver une seconde période quotidienne de planification pendant vos heures de travail.

Deuxièmement, développez votre esprit d'observation. Les experts sont des gens qui ont une capacité d'observer au-dessus de la moyenne. Ils voient des choses que nous ne voyons pas. Vous-même êtes un expert dans votre domaine. Vous remarquez des choses que personne d'autre ne remarque. C'est l'une des raisons qui fait que vous êtes unique. Aiguisez votre sens de l'observation afin de ne pas laisser passer des choses importantes pour vous, des choses que vous ne remarquiez peut-être pas dans le passé, telles que : l'expression perplexe de l'un de vos collaborateurs, un rapport particulièrement bien rédigé, un magnifique coucher de soleil. Un esprit préoccupé est toujours lent à capter ce genre de réalités.

Troisièmement, accélérez le rythme de vos mouvements. Des mouvements plus rapides, augmenteront votre degré de vigilance. Des hommes d'affaires et des journalistes qui sont allés au Japon, ont dit avoir vu des employés courir dans les entreprises. Peut-être n'avez-vous pas envie de courir. Néanmoins, vous pouvez vous déplacer plus rapidement. Si vous flânez dans un couloir, les mains dans les poches, il y a fort à parier que vous n'êtes pas dans un état de vigilance extrême. Enlevez donc les mains de vos poches, et marchez rapidement d'un point A à un point B. Votre attitude paraît ainsi plus professionnelle, vous gagnez du temps, vous accroissez votre vigilance. Par conséquent, vous vous sentez moins préoccupé.

Quatrièmement, lorsque vous réfléchissez, ayez toujours un stylo à la main.

Cela ne signifie pas que vous devez vous asseoir avec un stylo dans la main et réfléchir. Ce que je veux dire, c'est que grâce au stylo, vous pourrez noter vos idées dès qu'elles surgiront en votre esprit. Le fait de les écrire, donne davantage de poids à vos idées. Le fait de visualiser ce que l'on pense, crée un sentiment d'urgence. Tandis que nous nous trouvons dans un état de plus grande vigilance, nous réduisons nos préoccupations et gérons plus efficacement notre temps.

Cinquièmement, faites des comparaisons. Comparez ce que votre interlocuteur ne connaît pas à quelque chose qui vous est familier à tous les deux, afin de faciliter la communication. Je dirigeai un séminaire chez Eastman Kodak, à une époque où des recherches étaient en cours sur la pellicule photographique sur disque. Ceci était nouveau pour moi, aussi posai-je la question suivante :

– Qu'est-ce qu'une pellicule sur disque ?

– Avez-vous déjà regardé des vues dans une petite visionneuse, comme celles qui sont destinées aux enfants ? me demanda un ingénieur.

– Oui, répondis-je.

– Eh bien, la pellicule sur laquelle nous travaillons, est un petit disque similaire, avec un film sur le bord.

Sixièmement, utilisez l'objectif spontané. Jusqu'ici, je vous ai toujours dit que les objectifs les plus immédiats étaient ceux de votre liste « action » quotidienne. Mais il existe un objectif encore plus immédiat que ceux-là, un objectif identifié spontanément, sur le moment. Tandis que vous tendez la main vers le téléphone, une seconde avant de composer le numéro, demandez-vous : « Quel est le but de ce coup de fil ? » Alors que vous traversez le hall pour aller voir l'un de vos collaborateurs, demandez-vous : « Quel est le but de cette visite ? » L'objectif spontané vous incite à vous focaliser sur les questions d'importance majeure qu'il vous faudra évoquer.

Vous est-il déjà arrivé qu'un vieil ami vous téléphone

en prétextant une envie subite de vous revoir, quand en réalité il voulait vous vendre une police d'assurance dont vous n'aviez absolument pas besoin? Hélas, vous ne vous en êtes aperçu que trop tard, parce que vous n'avez pas utilisé l'objectif spontané. Lorsque ce vieil ami vous a téléphoné, vous auriez dû lui demander : « Outre le désir d'évoquer des souvenirs, quel est le but de ces retrouvailles? » Pensez au temps que vous pouvez économiser, aux situations embarrassantes que vous pouvez éviter en posant cette question avant de rendre visite à quelqu'un.

Employer l'objectif spontané est une bonne façon de contrôler les événements, parce que cela vous met sur la voie des résultats productifs, à l'abri des futilités. En outre, vous pouvez utiliser ce procédé à de nombreuses reprises tout au long de la journée.

Mais il existe d'autres moyens de garder l'esprit vif et clair. *Accroissez votre énergie vitale* en suivant un régime sain, en faisant de l'exercice régulièrement, en évitant les occasions de souffrir, en dormant suffisamment, et en agissant selon vos principes unificateurs. Savoir c'est pouvoir. Par conséquent, *utilisez un savoir en rapport avec vos valeurs.* Pendant des années, j'ai conservé une liste d'ouvrages soigneusement sélectionnés, à l'intérieur de mon agenda. J'ai choisi ces livres-là parce qu'ils sont en rapport avec mes principes unificateurs, mes objectifs personnels, mes objectifs de travail et mes objectifs de Maîtrise du Temps. J'ai pris l'habitude de lire l'un de ces ouvrages pendant au moins une heure chaque jour. Cet objectif à court terme fait immanquablement partie de ma liste « action » quotidienne. Je vous recommande de faire comme moi pour parfaire vos connaissances.

ATTITUDE NÉGATIVE

Au chapitre 4, je vous ai parlé de Bert, qui avait failli perdre son emploi à cause de son négativisme chronique. Bert devait découvrir que le négativisme est une forme de désunification. Le négativisme vous empêche d'atteindre à l'harmonie. Il est parfaitement incongru.

Votre comportement dépend de la manière dont vous percevez les choses et les gens : comment vous percevez votre patron, vos subordonnés, la politique d'action de votre entreprise, la façon dont les autres s'habillent. Votre manière de ressentir les êtres et les choses influe grandement sur votre comportement.

Vous maîtrisez bien votre temps, lorsque vos attitudes sont en harmonie avec celles de vos collaborateurs ou, même différentes des leurs, après tout, vous êtes unique en tant qu'individu – lorsqu'elles sont en harmonie avec les principes unificateurs de l'entreprise. Un individu qui a clairement défini ses principes unificateurs et qui les respecte, réagit aux événements d'une manière moins agressive. Une telle personne aura tendance à former ses jugements sur la base de principes moraux et n'agira pas par opportunisme, comme quelqu'un dont les jugements ne s'appuient pas sur une structure de valeurs.

Le comportement d'un être humain se forme à sa naissance et change constamment. Au bureau, une personne peut se montrer parfaitement positive sur une question précise. Mais il suffit qu'intervienne quelque changement dans son environnement, pour que son attitude devienne négative instantanément. Notre attitude est déterminée par ce que les autres nous « lancent » et ce que nous nous lançons à nous-mêmes. Ces projectiles sont de deux sortes. Je les appelle : *Les lingots d'or* et *les sales briques.* Un lingot d'or est un compliment, une marque d'intérêt ou d'amour. Voici des exemples de lingots d'or : respecter les autres, les récompenser, leur exprimer notre reconnaissance, les complimenter, coopérer, leur porter de l'intérêt, montrer de l'enthousiasme ou encore leur faire confiance. Accorder sa confiance à quelqu'un, est en outre un principe unificateur, et je le porte en très haute estime. Aimer, est à mon avis la plus belle de toutes les valeurs. Chaque lingot d'or pourrait d'ailleurs être assimilé à un principe unificateur.

Les *sales briques,* sont des attaques négatives qui déstabilisent et détruisent un amour-propre. Comme accuser quelqu'un par exemple : « Allez, je sais que tu as fait ça, avoue-le. » Ou bien, le menacer : « Encore une connerie, et vous êtes viré ! » Ou encore le critiquer : « De toute ma vie, je n'ai jamais vu quelqu'un se conduire aussi mal que vous. » Aussi, donner des ordres intempestifs : « Je veux que vous vous y mettiez tout de suite, et que vous ayez fini au plus tard dans cinq minutes. » Il y a aussi cataloguer, et prêcher : « Écoutez-moi mon petit, je travaille dans cette entreprise depuis vingt-cinq ans, alors laissez-moi vous expliquer comment les choses doivent se passer. » Et en dernier lieu, ignorer. Avez-vous jamais reçu ce genre de brique ? Un ami vous a-t-il déjà ignoré ? Qu'avez-vous ressenti ?

Les gens ont tendance à avoir envers vous l'attitude que vous avez eu envers eux. Un ami vous offre un cadeau de Noël. L'attitude normale à adopter en retour est de foncer dans un magasin lui acheter également un cadeau. La réciprocité fonctionne aussi bien avec les sales briques qu'avec les lingots d'or. Si quelqu'un vous balance une sale brique, vous aurez tendance à lui en renvoyer une – une grosse. Mais il est certes plus intelligent – pour préserver l'harmonie – d'esquiver la méchante brique, ou encore de renvoyer un lingot d'or à la place.

La loi de la réciprocité veut que si quelqu'un vous lance un lingot d'or, vous lui en retourniez un.

Aucun doute, les gens vous balanceront de sales briques. Mais devez-vous pour autant les ramasser et en faire des murs d'anxiété, de haine, de doute et de découragement ? Devons-nous les accepter, et à cause d'elles, reconsidérer l'opinion que nous avons de nous-mêmes ? Devons-nous ériger ces hauts murs qui nous séparent des autres et derrière lesquels nous nous préparons à ruminer pendant des heures et des heures ? Lorsqu'une sale brique arrive dans votre direction, je vous conseille de baisser la tête pour l'éviter, ou de la faire dévier.

Les lingots d'or ne servent pas à construire des murs, mais des escaliers que nous gravissons jusqu'à la productivité maxima et l'estime de soi. Grâce aux lingots d'or nous renforçons l'harmonie ambiante et économisons du temps. Les lingots d'or nous valent des heures dorées et éclairent le visage des autres.

Vous pouvez utiliser les lingots d'or comme des objectifs de Maîtrise du Temps. Sur votre liste d'objectifs quotidiens, écrivez : « Ne pas jeter de sales briques » et « Chaque jour, je lancerai trois lingots d'or ». J'ai connu des gens qui avaient adopté ces deux objectifs de Maîtrise du Temps et à qui cela a très bien réussi. Imaginez simplement l'harmonie que ces lingots d'or vont apporter dans votre vie.

Il arrive qu'au bureau, ou chez vous, quelqu'un fasse quelque chose qui vous déplaise : l'un de vos employés arrive systématiquement en retard ou le chien d'un voisin aboie toutes les nuits. Lorsque de telles choses se produisent, il n'est pas rare que l'on aille se plaindre à un ami qui ne peut rien faire pour nous. Le meilleur moyen de reprendre le contrôle de la situation, c'est d'aller affronter la personne responsable de notre problème. Établissez d'emblée une relation de type « lingot d'or » avec elle, puis utilisez le message du « je » exposé par le docteur Tom Gordon dans son programme d'entraînement à l'efficacité destiné aux chefs d'entreprises. Le message du « je » signifie : « J'ai un problème. Et ce problème c'est vous. » Bien sûr, vous ne venez pas vous planter devant la personne et lui dire les choses exactement de cette façon. L'important, c'est que, quels que soient les mots que vous employiez, vous ne blâmiez, ni ne critiquiez votre interlocuteur, bref, que vous ne lui lanciez pas de sales briques.

Le message du « je » comporte trois parties. Sans la blâmer, décrivez le comportement de la personne : « Votre chien aboie »; « Vous êtes en retard tous les matins ». Toujours sans blâme, énoncez les conséquences de ces comportements : « Votre chien nous empêche de dormir la nuit – de même que la moitié de nos voisins »; « le fait que vous arriviez toujours en retard, oblige vos collègues à faire certaines choses à votre place. Ils ont tendance à vous juger d'une manière négative, et cela affecte notre productivité. » Enfin, et toujours sans blâme, dites ce que vous en pensez : « Je dormirais tellement mieux si ce chien n'aboyait pas la nuit »; « J'apprécierais que désormais vous arriviez à l'heure au bureau ».

Il existe certes de nombreuses façons de régler de tels problèmes, mais quelle que soit la technique que vous employiez, ne jetez pas de sales briques. Ne blâmez jamais votre interlocuteur. Protégez toujours l'amour-propre des autres. Après tout, cette personne est un individu unique, comme tous les individus, et, oui, elle fait des erreurs. Mais nous commettons tous des erreurs. Réglez ce problème aussi objectivement que possible, en apportant des lingots d'or dans cette relation.

13.

DÉLÉGUER

Diriger, c'est contrôler. Confier certaines tâches aux autres, c'est continuer à contrôler par leur intermédiaire. Tandis qu'une organisation grandit, le directeur n'est plus en mesure de contrôler tous les événements. Dès qu'il y a plus d'objectifs A qu'il ne peut en réaliser, il doit faire appel à quelqu'un qu'il initie au travail et prépare à assumer une part de ses responsabilités. Puis l'on engage un nouvel employé, et encore un, et ainsi de suite. Amplifiée par les performances accomplies par ses collaborateurs, l'influence du patron grandit.

Un patron qui réussit suit ces deux règles d'or pour déléguer ses pouvoirs : *Faire en sorte que la décision soit prise au niveau hiérarchique le plus bas disposant des éléments d'information et d'équipement nécessaires et que ceux que vous avez chargés d'une tâche vous apportent des solutions et non des problèmes.*

Imaginons que vous êtes le directeur d'une grande compagnie immobilière. Vous vous êtes taillé une place au soleil dans l'immobilier ces quatre dernières années, et votre chiffre d'affaires annuel est supérieur à dix millions de francs. Vous avez douze employés à plein temps. Mais vos affaires deviennent extrêmement complexes : tenir vos comptes à jour et rester sur la piste de clients éventuels est désormais plus difficile qu'avant. Le 3 février, il est décidé au comité directeur que l'entreprise va désormais s'informatiser. Vous vous fixez un objectif : le 15 juillet au plus tard, nous aurons un ordinateur et il sera opérationnel.

Quel est le meilleur moyen de réaliser cet objectif? Un directeur d'entreprise, confronté à la même situation, me dit qu'il s'informa sur différents ordinateurs existant sur le marché, créa le logiciel, et s'occupa de la mise en place du système informatique lui-même. Auriez-vous agi ainsi? Si oui, je pense que vous auriez eu tort. Parmi vos employés, il pourrait y avoir des personnes mieux informées que vous sur les ordinateurs, et à qui vous pourriez confier ce projet. Identifiez ces individus, et faites-les travailler en équipe. Si possible, adjoignez-leur un spécialiste en informatique venu de l'extérieur. Vous investirez des dizaines de milliers de francs dans cet ordinateur, aussi s'agit-il d'une décision directoriale importante. Et tandis que l'équipe de recherche poursuit son travail, elle vous fait périodiquement part de ses progrès, et vous pouvez juger si ceux-ci correspondent à votre attente. Alors qu'elle travaille sur le logiciel, cette équipe sollicite des informations de la part de tous les utilisateurs potentiels de l'ordinateur dans l'entreprise et teste différentes sortes de matériel. Lorsque les choix possibles sont ramenés à deux ou trois, l'équipe prépare un rapport dans lequel elle vous fait ses suggestions. Puis elle vous soumet ce rapport et attend votre décision. En tant que directeur de cette compagnie, vous avez économisé un temps précieux pour réaliser d'autres projets majeurs. En outre, vous avez offert à vos collaborateurs l'opportunité d'agir par eux-mêmes et de sortir grandis de cette expérience.

Pour vous assurer que les bonnes personnes sont attelées aux bons projets, posez-vous les deux questions suivantes, deux questions simples tirées du livre de Peter Drucker

Comment gérer votre temps ? : « Quelles sont les choses que je fais ces temps-ci et qui ne servent à rien ? Et que suis-je en train de faire qui pourrait être accompli par d'autres ou que d'autres pourraient apprendre à faire ? » Vous disposez d'un outil de Maîtrise du Temps qui vous permet de répondre à la première question : le Registre d'Efficacité. Tenez votre propre Registre d'Efficacité et demandez à vos associés de faire de même. Ce registre vous donne une image claire des tâches qu'il ne sert à rien d'accomplir. Classer vos tâches quotidiennes par ordre de priorité peut également vous aider à répondre à la première question.

Pour répondre à la seconde question, revenons à la liste « action » quotidienne que nous avons établie au chapitre 9. Ces tâches sont classées par ordre de priorité et prêtes à être réalisées, mais ne vous lancez pas dans leur réalisation immédiatement. Déterminez d'abord quelles sont les personnes qui peuvent accomplir certaines de ces tâches à votre place. Voyons le premier objectif : *Commander des fournitures.* Isabelle, votre secrétaire, peut très bien s'en charger. Placez un C à la gauche de cet objectif, et entourez-le d'un cercle, afin de ne pas le confondre avec la lettre qui indique la catégorie dans laquelle cet objectif est classé. La donnée suivante, c'est : *Exposer les grandes lignes du rapport QZ.* Cela est tout à fait du ressort de Jeanne, constatez-vous. Alors placez l'initiale J à la gauche de cet objectif, et entourez-la. Viennent ensuite : *Appeler Georges Dupond, pour l'ordinateur* et *Téléphoner à Richard pour la réunion.* Ces deux dernières tâches vous incombent. Vous vous souvenez de ce voyage à Lyon pour y retrouver votre patron ? Eh bien Isabelle peut très bien s'occuper de votre billet à votre place. Mais votre liste d'objectifs quotidiens est longue. Normal. Vous accomplirez certaines de ces tâches vous-mêmes et en confierez d'autres à plusieurs de vos employés.

Tandis que vous convoquez vos collaborateurs et répartissez les tâches, inscrivez un signe inachevé – par exemple, la première branche d'un V – à la gauche de chacune des responsabilités déléguées. Cela signifie que vous avez chargé certaines personnes de la réalisation de certains objectifs, mais que ceux-ci ne sont pas encore réalisés. Quelques jours plus tard, revenez à cette page de votre agenda et vérifiez que les objectifs devant lesquels figure un signe inachevé ont bien été réalisés. Chaque fois que tel est le cas, complétez le signe – apposez la seconde branche du V. Vous utiliserez ces signes aussi bien pour les tâches confiées à d'autres que pour les objectifs que vous réalisez vous-mêmes. Imaginons que Isabelle n'ait pas encore pris votre billet pour Lyon. Notez sur votre liste « action » du lendemain : « Demander à Isabelle si elle a pris mon billet pour Lyon ». Généralement, je n'aime pas avoir à demander à l'un de mes employés s'il s'est bien acquitté de la tâche que je lui avais confiée. Je préfère qu'il vienne me dire lui-même qu'il a réalisé l'objectif en question.

Il y a neuf étapes dans la manière de déléguer des responsabilités.

Premièrement, sélectionnez les individus capables d'accomplir les tâches que vous avez l'intention de leur confier. Vous faites votre travail en utilisant vos capacités et vous modelez ce travail en fonction de vos centres d'intérêt. Mais n'oubliez pas que vos associés, eux aussi, sont des individus particuliers avec des capacités particulières et des centres d'intérêt bien à eux. Lorsque vous procédez à la répartition des tâches, sachez que leurs qualités personnelles, tout autant que leurs similitudes avec vous, vous influencent. Il va sans dire que vous confierez la réalisation des projets A1 aux personnes les plus capables et les plus expérimentées.

Il est plus facile d'engager des gens que de les renvoyer. L'un de nos plus vieux clients, une grande entreprise, organise une entrevue avec six directeurs pour chacun des professionnels qu'elle désire engager. Si le candidat donne satisfaction à l'issue de ces entretiens, on procède avec lui à toute une série de tests pendant plusieurs jours, tests décisifs, dans la sélection définitive. Le comité directeur de cette entreprise reconnaît que l'intégration d'un nouvel élément hautement qualifié mérite qu'on lui consacre beaucoup de temps, un temps dûment planifié.

Deuxièmement, veillez à ce que les personnes sélectionnées comprennent ce que vous attendez d'elles.

Il faut absolument que vous donniez une image claire à vos associés, des projets que vous leur destinez. Faites-les asseoir dans votre bureau et apprenez-leur à utiliser leur agenda. Ne vous contentez pas de leur exposer vos espérances. Couchez-les sur le papier, sous la forme d'objectifs à long, moyen et court terme, puis classez-les par ordre de priorité en vous posant les cinq questions clés suivantes :

1. Parmi les objectifs à court terme figurant sur ma liste, lesquels me seront les plus utiles dans la réalisation de mes objectifs majeurs à long et moyen terme ?
2. La réalisation de quels objectifs m'apportera-t-elle les meilleurs résultats à long terme ?
3. Quels sont ceux dont la réalisation me procurera la plus grande satisfaction ?
4. Que se passera-t-il si je ne réalise pas tous ces projets aujourd'hui ? Est-ce que quelqu'un en souffrira ?
5. Dans une perspective à long terme, grâce à la réalisation de quels projets me sentirai-je le mieux dans ma peau ?

Si vos objectifs sont clairement définis, ainsi que ceux de votre chef et ceux du chef de votre chef, vous minimisez le risque de voir les priorités changer de bas en haut de l'échelle. Lorsque vous donnez des tâches à accomplir à Jeanne et à Isabelle, elles devraient ouvrir leur agenda à la page du jour, inscrire votre nom, le souligner, puis, en alinéa, noter toutes les données dont elles auront besoin pour accomplir cette tâche. Tout ceci en votre présence, bien entendu. Elles ne devraient pas hésiter à vous poser des questions – les questions stupides n'existent pas – ni à vous lire les notes qu'elles ont inscrites sur leur agenda. Lorsqu'elles quittent votre bureau, elles ont noté dans leur agenda – comme vous le faites vous-même – des objectifs que vous avez mutuellement jugés prioritaires. Chaque jour, lorsqu'elles préparent leur liste « action » quotidienne, elles se réfèrent à la liste d'objectifs de société à long et moyen terme, qui figure dans les premières pages de leur agenda.

Il est probable que vos collaborateurs auront plus de travail à faire qu'ils ne pourront en accomplir dans la journée. Il leur faut classer ces tâches par ordre de priorité. Dans leurs listes d'objectifs ainsi classés, Christine et Jeanne voient nettement quels sont les objectifs A1, A2 et A3. Elles savent qu'elles pourraient bien ne pas accomplir toutes les tâches inscrites pour la journée, mais elles ne s'en inquiètent pas. Elles ont compris que les objectifs qu'elles réaliseront aujourd'hui sont les plus importants pour elles, de même que pour vous, et pour les dirigeants placés au-dessus de vous dans l'entreprise.

Troisièmement, laissez entendre à vos collaborateurs que vous les croyez sincèrement capables de mener leurs projets à bien. Si vous pensez réellement que vos collaborateurs sont capables de réaliser les tâches que vous leur avez assignées, alors ils y parviendront. Mais si vous pensez qu'une personne n'est bonne à rien, alors vous n'obtiendrez rien de bon. L'expérience montre que les collaborateurs ont l'efficacité exacte que leur supérieur leur attribue. Alors, montrez-leur que vous appréciez leur travail, encouragez-les dans leurs tâches, envoyez-leur tous ces lingots d'or qui viendront confirmer vos espérances.

Quatrièmement, négociez des dates limites de remise des travaux. Lorsque vous assignez une tâche à quelqu'un, négociez avec lui une date limite de remise du travail, puis inscrivez « remise du projet X » sur votre agenda, à la date fixée. Tout cela devant la personne, bien entendu, afin de conférer un caractère d'urgence à la réalisation de ce projet.

Cinquièmement, faites en sorte de pouvoir compter sur vos collaborateurs. Si Jeanne, par exemple, est la bonne personne à laquelle confier telle tâche, qu'elle comprend clairement ce que vous attendez d'elle, et pense que vous la croyez capable de réussir, alors vous pouvez compter sur elle, son engagement est assuré.

Sixièmement, faites savoir dès le début à vos collaborateurs, que vous suivrez de près la réalisation de leur projet. Qu'ils vous voient écrire dans votre agenda, à une date donnée « Vérifier que Jeanne a bien réalisé le projet Z ». Puis inscrire la date d'aujourd'hui entre parenthèses, afin de pouvoir retrouver plus tard, tous les détails concernant ce projet. Cela raffermit l'engagement de Jeanne. Elle ne doute pas que vous vérifierez son travail, parce qu'elle sait que grâce au Système de Maîtrise du Temps, et à votre agenda-classeur vous contrôlez tous les événements.

Septièmement, laissez toute latitude à vos collaborateurs pour utiliser leur imagination et leur sens de l'initiative.

Isabelle et Jeanne devraient avoir le droit d'opérer en toute liberté, mais elles ne peuvent profiter de cette liberté tant que vous ne leur aurez pas donné toute autorité pour agir. Définissez en termes concrets les résultats que vous attendez d'elles, puis laissez-leur toute initiative pour mener leur tâche à bien.

Huitièmement, ne faites pas le travail à leur place. Assigner une tâche à quelqu'un, puis la réaliser soi-même, blesse la personne dans son amour-propre. Voilà une sale brique que vous venez de lancer. N'oubliez pas que, jusqu'à un certain point, un employé a le droit à l'erreur. L'un des principes unificateurs de Hewlett Packard, est : « Se réserver le droit à l'erreur. »

Neuvièmement, félicitez et récompensez vos collaborateurs selon les résultats obtenus. Un individu persiste dans une attitude positive dès lors qu'on le récompense d'avoir bien agi. Par conséquent, lorsqu'un travail est mené à bien, des lingots d'or s'imposent. Les meilleures récompenses que vous puissiez offrir, sont celles qui renforcent l'amour-propre de votre employé. Par exemple : une tape dans le dos, un compliment chaleureusement exprimé, parfois une prime, une promotion, un jour de congé supplémentaire. Cela peut paraître ironique, mais l'une des meilleures récompenses est encore de confier une nouvelle tâche à accomplir à la personne qui vous a donné satisfaction. Ceci dit, veillez à ne pas récompenser des employés incompétents simplement pour ne pas les blesser dans leur amour-propre. Si vous avez confié un travail à quelqu'un et que ce travail est médiocre, plutôt que de vous demander « Qu'est-ce qu'il a fait de travers ? » ou « A quel endroit s'est-elle trompée ? » demandez-vous, « Parmi les neuf étapes du procédé de répartition des tâches, laquelle n'ai-je pas respectée ? » Peut-être n'avez-vous pas choisi la bonne personne pour faire ce travail. Peut-être ne lui avez-vous pas exprimé clairement les résultats que vous attendiez d'elle. Fixez-vous pour objectif de Maîtrise du Temps, de revoir ces neuf étapes. Peut-être en découvrirez-vous une ou deux que vous avez du mal à respecter. Alors incorporez-les à votre liste d'objectifs quotidiens, deux ou trois fois par semaine, pendant les six prochaines semaines, en tant qu'objectifs de Maîtrise du Temps.

14.

LES RÉUNIONS QUI N'EN FINISSENT PAS – LES VISITEURS QUI S'INCRUSTENT ET LES TÉLÉPHONES QUI SONNENT SANS ARRÊT

LES RÉUNIONS

Aujourd'hui, plus d'un million de réunions d'affaires auront lieu en France. La plupart d'entre elles ne serviront à rien et seront mal dirigées. Réduire la durée des réunions et les rendre plus productives, voilà des objectifs majeurs de Maîtrise du Temps. Il existe neuf façons d'y parvenir.

Premièrement, doublez le temps consacré à la préparation de la réunion et réduisez la durée de la réunion de moitié. La plupart des gens qui dirigent des réunions ne les préparent pas. Or, c'est pourtant en la préparant soigneusement, que l'on réduit la durée d'une réunion. Déterminez clairement quels sont les problèmes à aborder, puis notez-les sur une feuille de papier. Après avoir défini ces différents problèmes, réfléchissez à toutes les solutions possibles pour les résoudre.

Deuxièmement, utilisez toujours un ordre du jour écrit à la main. L'ordre du jour, c'est un peu la carte routière qui vous évite de vous perdre sur des chemins de traverse. C'est une bonne méthode que de le distribuer d'avance aux personnes conviées à la réunion. Chacun arrive alors à la réunion avec un ordre du jour tapé à la machine. La personne qui dirige la réunion en a toujours quelques-uns en réserve pour ceux qui ont oublié le leur. Cette méthode est bonne, mais elle peut être améliorée. En effet, l'ordre du jour devrait rester sous les yeux des participants pendant toute la durée de la réunion. Exposé sur une feuille de papier, il disparaîtra bientôt sous d'autres papiers, ou dossiers. Et sans leur carte routière, les gens perdent leur chemin. La personne qui dirige la réunion, risque de perdre de vue son sujet. Aussi je vous conseille d'écrire l'ordre du jour sur un tableau noir ou sur un panneau mural effaçable avant l'arrivée des participants. Ainsi, ceux-ci ont immédiatement une vue d'ensemble de ce programme et peuvent savoir à quel endroit ils interviendront. Pour les réunions informelles, décidées au pied levé, il est bon de définir l'ordre du jour avec les gens présents, au début de la réunion.

Lorsque vous préparez une réunion, veillez à ce que chaque donnée découle logiquement de la donnée précédente, afin d'établir une continuité dans l'ordre du jour. Devrez-vous toujours inscrire en premier à l'ordre du jour l'objectif A1 ? Pas nécessairement. Si votre but est de rallier une assemblée à vos vues sur un point crucial, il est parfois judicieux de placer cet objectif en dernier. Commencez par débattre des points les plus consensuels afin d'amener les participants à faire corps avec vous, à penser comme vous, à dire oui, oui, je suis d'accord. Et lorsque vous arrivez finalement à votre objectif A1, ils sont tout ouïe, gagnés à votre cause.

Les gens désorganisés notent toujours leurs objectifs prioritaires en tête de l'ordre du jour, parce qu'ils craignent de ne pas avoir le temps de les aborder avant la fin de la réunion. A mon avis, c'est le signe qu'ils contrôlent mal la conduite de leurs réunions.

Durant la réunion, fixez des dates limites de remise de tâches aux personnes auxquelles vous les assignez. Et tenez-vous à ces dates prédéterminées.

Troisièmement, fixez l'heure du début et l'heure de la fin de la réunion. Respectez ces horaires, ou bien laissez les gens partir plus tôt. Ne vous êtes-vous jamais rendu à une réunion où l'on attendait six personnes, mais où vous vous êtes retrouvé seul avec la personne qui l'avait organisée? Que dit cette personne en pareil cas? « Attendons les autres. » Et qu'est-ce que cela signifie réellement? Cela veut dire : « Je m'en vais vous punir d'être arrivé à l'heure en vous faisant attendre. Je vais récompenser les retardataires en attendant leur arrivée. » Il arrive aussi que celui qui dirige la réunion commence son exposé sans attendre les retardataires. Lorsque ceux-ci arrivent et lui demandent ce qui a été évoqué en leur absence, la personne qui dirige la réunion revient en arrière et leur explique de quoi l'on a parlé. Or, les retardataires ne devraient jamais bénéficier d'un régime de faveur.

Dans une entreprise de ma connaissance, la personne qui dirigeait les réunions se tenait debout, près de la porte. Lorsqu'il était temps de commencer, on transportait toutes les chaises vides hors de la pièce. Tout retardataire était donc contraint de rester debout face au groupe de personnes assises. Les employés de cette entreprise ont vite appris à arriver à l'heure aux réunions.

Une fois que vous vous êtes engagés à commencer et achever les réunions à l'heure, engagez-vous à convaincre les gens qui vous entourent à faire de même. Je sais que vous en êtes capable. La seule chose qui compte, c'est que vous vous en croyiez capable.

Quatrièmement, veillez à ce que seules les personnes nécessaires soient présentes. En préparant l'ordre du jour de la réunion, notez les noms des personnes concernées par les divers points à évoquer, et qui devraient donc être présentes à la réunion. Cela peut signifier que vous convierez quelqu'un à arriver au milieu de la réunion et quelqu'un d'autre à la quitter très vite. Cela peut vouloir dire que vous répartirez les points à évoquer sur des périodes de temps données, durant lesquelles les personnes non concernées n'ont pas besoin d'être présentes. Vous vous devez de respecter les autres. Leur temps est tout aussi précieux que le vôtre.

Cinquièmement, essayez de ne pas tenir de réunions systématiquement programmées. Lors d'un entretien, un directeur de société, qui avait suivi le séminaire sur la Maîtrise du Temps, me dit que, pendant deux ans, il avait tenu une réunion, chaque matin, avec dix de ses employés, réunions qui duraient une heure chaque fois.

« Charles, me dit-il, après le séminaire, j'ai adopté votre méthode pour réduire la durée des réunions. Ce qui représentait, au total, cinquante-cinq heures de réunion par semaine pour onze personnes, s'est vu réduit à une seule et unique réunion de cinquante-cinq minutes. Nous avons économisé plus de quarante-six heures par semaine. »

Je ne vous conseille pas de supprimer toutes les réunions, mais vous devriez pouvoir en réduire considérablement le nombre.

Sixièmement, faites en sorte que tout le monde reste debout pendant la réunion. Savez-vous que c'est là une excellente manière d'économiser du temps? Il y a environ huit ans, je dirigeai un séminaire auquel participèrent des militaires. Ils me dirent qu'ils faisaient un briefing de quatre heures tous les lundis matin.

– Attendez un moment, les interrompis-je, je croyais qu'un briefing était par définition une réunion rapide lors de laquelle on vous donnait des informations dans un minimum de temps.

Comme le disait Parkinson, on étire son travail pour remplir ses journées de huit heures. Sans doute les militaires avaient-ils des temps morts à combler. Aussi leurs briefings duraient-ils trop longtemps.

Par la suite, lors d'une session d'études complémentaires, ils me racontèrent que désormais les briefings se faisaient debout, et qu'ils ne duraient plus qu'une demi-heure.

Lorsque vos collaborateurs arrivent dans votre bureau à l'heure de la réunion, vous devriez leur dire : « Je vous prierai de ne pas vous asseoir. Cela vous fera gagner du temps, ainsi qu'à moi-même. » Il est parfois préférable de diriger des réunions dans un couloir, où il n'y a pas de chaises.

Septièmement, tenez vos réunions dans le bureau de quelqu'un d'autre. Une réunion qui a lieu dans le bureau de l'un de vos collaborateurs, ou dans un couloir, est plus facile à achever qu'une réunion qui se tient dans votre propre bureau. Dites ce que vous avez à dire le plus succinctement possible, puis quittez les lieux. N'oubliez pas l'objectif spontané. Et définissez le but de la réunion au tout début de celle-ci.

Huitièmement, faites circuler l'information par le biais de mémos plutôt qu'en organisant des réunions. Je ne suis certes pas l'apôtre de la paperasserie. Néanmoins, si vous n'avez que des informations à faire passer, rédigez-les de la manière la plus succincte possible, puis distribuez ce mémo à qui de droit. On perd beaucoup moins de temps à lire un mémo qu'à assister à une réunion qui s'éternise.

Neuvièmement, limitez le verbiage. Il semblerait que dans toutes les communautés d'individus, il y en ait toujours un qui explique en vingt phrases ce qu'il aurait pu dire en deux mots, ou ne pas dire du tout. Les gens ont souvent des marottes, des sujets favoris, et que ceux-ci soient en rapport ou non avec la situation, ils se sentent obligés de les exposer. Lorsque vous démarrez la réunion, demandez à chacun de faire l'effort de s'en tenir à l'ordre du jour et d'exprimer ses idées le plus succinctement possible.

Comment quitter une réunion que vous ne dirigez pas sans paraître impoli ? Il vous est difficile de partir. Dans un sens, vous êtes obligé de rester. Voici sept façons de s'en sortir.

Premièrement, levez la main et demandez : « Puis-je encore apporter ma contribution à cette réunion ? » C'est une manière élégante de vous faire comprendre par la personne qui dirige la réunion. S'il n'y a aucune raison de requérir votre présence plus longtemps, alors le maître des débats devrait vous laisser sortir. Dans le cas contraire, vous devez rester. Néanmoins, la personne qui dirige la réunion, sentant désormais que vous êtes pressé de quitter les lieux, peut réaménager l'ordre du jour à votre avantage.

Je me suis un jour retrouvé dans une réunion qui, vu l'ordre du jour, promettait de durer encore deux ou trois heures. Je levai donc la main et demandai à la personne dirigeant cette réunion : « Puis-je encore apporter ma contribution à ces débats ? »

– Euh, oui, Charles, me répondit-elle. Il est prévu, à l'ordre du jour, d'évoquer votre problème en dernier.

Mais cette personne, à laquelle j'avais communiqué mon sentiment d'urgence, changea son programme, et au bout de dix minutes, j'étais sorti. Vous pouvez très bien faire la même chose.

Deuxièmement, faites en sorte que l'on vienne vous interrompre. Dites à votre secrétaire : « Si je ne suis pas ressorti de cette pièce d'ici cinq minutes, venez me chercher. » Personnellement, je n'ai jamais employé cette méthode. Je ne pense pas devoir faire appel aux autres pour m'aider à contrôler une situation. Néanmoins, je sais que beaucoup de gens utilisent ce procédé avec succès.

Troisièmement, ouvrez votre agenda, et commencez à faire votre planning, ou à noter des idées. Il est certain que je ne sortirais pas un roman policier de ma poche, mais mon agenda m'est, lui, d'une grande utilité dans cette situation. Qui vous reprocherait d'ouvrir votre agenda pendant une réunion ?

Quatrièmement, axez vos pensées sur un sujet plus productif. Néanmoins, restez vigilant, car on pourrait bien vous reprocher d'être préoccupé.

Cinquièmement, demandez la permission de sortir. Sans embages, sans y mettre de formes particulières, franchement.

Sixièmement, asseyez-vous au fond de la pièce, près de la porte, puis éclipsez-vous dès l'instant où la réunion ne présente plus aucun intérêt pour vous.

Septièmement, utilisez le message du « je ». Si le patron vous demande d'assister à des réunions qui représentent une perte de temps pour vous, essayez de lui dire : « Je crois qu'il est inutile pour moi d'assister à ces réunions. J'y perds un temps précieux, temps que je pourrais mettre à profit pour réaliser des projets importants pour l'entreprise. Et je me sentirais vraiment soulagé si nous parvenions à régler ce problème ensemble. » Si vous donnez à votre patron la preuve du bien-fondé de votre requête, alors il y a toutes les chances pour qu'il l'agrée.

Sur cent personnes que j'interroge dans mes séminaires, cinq seulement avouent arriver à l'heure à presque toutes les réunions. Il m'arrive, occasionnellement, d'avoir des clients qui me disent n'être jamais en retard. Si vous attachez une grande importance à la ponctualité, si être ponctuel est l'un de vos objectifs prioritaires, alors vous réussirez à arriver à l'heure. Certains des gens qui maîtrisaient très mal leur temps avant de participer à mes séminaires ont pris l'engagement d'être ponctuel après avoir assisté au séminaire sur la Maîtrise du Temps, et s'y sont tenus.

Inscrivez l'heure de chacune de vos réunions sur la page de votre agenda réservée aux événements programmés. Au-dessus de ces données, notez l'heure à laquelle vous devrez quitter votre bureau pour ne pas arriver en retard à ces réunions. Calculez large, afin de ne pas vous laisser retarder par d'éventuels embouteillages. Chaque matin, lorsque vous planifiez votre journée, mettez votre montre à sonner à l'heure à laquelle vous devrez quitter votre bureau pour vous rendre à la réunion. Les gens qui arrivent à l'heure aux réunions, me disent tous qu'ils quittent toujours leur bureau très en avance pour s'y rendre. Ne jamais partir au dernier moment, voilà bien sûr la clé de la ponctualité.

On me fait souvent l'objection suivante : « Je ne peux me permettre de passer un quart d'heure à attendre, sans rien faire, simplement parce que je suis en avance. » Je réponds toujours en pareil cas : « Profitez donc de ce temps libéré pour travailler sur un projet classé A dont vous aurez apporté tous les éléments avec vous. »

Lorsque vous arrivez en avance à un rendez-vous, n'entrez pas. Si vous avez quelque sens de la psychologie, vous devez comprendre que la personne que vous allez voir, est probablement en train de réfléchir à ce qu'elle va vous dire. Arrivez en avance, oui, mais ne signalez votre présence que deux minutes avant l'heure prévue pour le rendez-vous. Entre-temps, travaillez à la réalisation de l'objectif A dont vous aurez emporté les données avec vous.

LES VISITEURS

Pourquoi les gens restent-ils souvent des heures au téléphone, ou font-ils des visites qui n'en finissent pas ? Il y a plusieurs raisons à cela. Nous sommes tous grégaires par nature et adorons parler avec les autres. Une pulsion inconsciente nous incite à rendre visite pour le plaisir de la visite, plutôt qu'à mettre fin à un entretien pour rester productif. Les gens ne savent tout simplement pas comment achever un entretien ou une conversation téléphonique. Trop souvent, nous avons perdu le contrôle de la situation. La seule solution est de retrouver le contrôle des événements. Voici deux règles à suivre pour y parvenir. Premièrement, n'oubliez pas que l'amour-propre de votre interlocuteur est une valeur sacrée, aussi quittez cette personne sans la blesser. Deuxièmement, vous ne devez pas violer vos principes unificateurs. Vous ne devez pas mentir. Voici neuf techniques qui vous permettront de faire sortir de votre bureau un visiteur qui s'incruste.

Premièrement, conservez toujours une attitude professionnelle et un ton un peu guindé. Restez vigilant. Asseyez-vous au bord de votre siège. Accordez toute votre attention à votre interlocuteur.

Deuxièmement, fixez la durée limite de votre entretien. Ne dites pas : « Je n'ai que cinq minutes à vous accorder » ou « Parlons une demi-heure, mais pas plus. » Choisissez plutôt une durée inhabituelle, afin de surprendre votre visiteur, de fixer son attention et de créer un sentiment d'urgence. Dites-lui : « Je n'ai que quatre minutes à vous accorder » ou « Parlons vingt-huit minutes, mais pas plus ».

Troisièmement, ne tolérez aucune interruption. Et ce, particulièrement, lorsqu'un rendez-vous est fixé d'avance. Les interruptions vous détournent du sujet, créent des perturbations et brisent le flot de la conversation.

Quatrièmement, lorsque vient le moment d'achever l'entretien, levez-vous. N'interrompez pas votre visiteur, mais lorsque c'est votre tour de parler, prenez la liberté de vous lever et de venir vers lui. Entre-temps, votre visiteur se sera levé aussi. Si tel n'est pas le cas, prenez-le gentiment par le coude et aidez-le à quitter sa chaise. Si vous sortez de votre bureau en lui tenant le bras, lequel de vous deux contrôle la situation ? Vous, bien entendu.

Il m'arrive fréquemment de raccompagner des visiteurs jusqu'à l'ascenseur ou jusqu'à leur voiture. Ils apprécient vivement ces petites attentions. Ils grimpent dans leur voiture, s'assoient sur leur siège, baissent la vitre et continuent à parler. Mais à présent, je suis dans une bonne position pour partir.

En 1978, lors d'un entretien avec l'un des participants à mon séminaire sur la Maîtrise du Temps, ce monsieur qui travaillait au Département de l'Aménagement du Territoire, me conta l'histoire suivante.

– Quinze jours avant de participer à votre séminaire, je recevais presque chaque matin la visite d'un inspecteur des impôts. Il me faisait perdre une heure et demie à chaque fois. Mais on nous a appris, au Département de l'Aménagement du Territoire, à bien traiter les fonctionnaires du Trésor, car nous avons besoin d'eux. Néanmoins, j'essayais chaque fois de me débarrasser de lui gentiment. En vain. Il s'incrustait.

Charles, lorsque vous nous avez conseillé de nous lever et de faire un pas vers la personne, je me suis dit « voilà la solution! ». Le lendemain, le type est arrivé à la même heure que d'habitude. Il était dans mon bureau depuis quatre minutes, quand je jugeai que l'entretien avait assez duré. Dès qu'il cessa de parler, je me levai et vins vers lui. Quand j'arrivai à hauteur de son siège, il était déjà debout. Je lui pris le bras gentiment. Il sembla apprécier cette délicate attention. Je n'avais encore jamais fait cela de ma vie. Je le raccompagnai jusqu'à l'ascenseur. J'appuyai sur le bouton d'appel et restai près de lui jusqu'à ce que les portes s'ouvrent. Puis je lui fis un petit signe d'adieu.

– L'ascenseur était-il là ? demandai-je.

– Tout ce que je sais, c'est que je ne l'ai pas revu depuis.

La tactique qui consiste à se lever brusquement se révèle généralement très efficace pour mettre un terme à un entretien qui se prolonge un peu trop. De même, lorsqu'un intrus pénètre dans votre bureau, levez-vous, et allez vers lui.

Cinquièmement, ayez toujours une montre dans votre champ de vision. Moi, j'utilise une calculatrice miniature avec une montre à alarme et chronomètres incorporés. Si je décide de consacrer neuf minutes à un entretien, j'appuie discrètement sur le bouton du chronomètre de la calculatrice posée dans un tiroir ouvert et que mon visiteur ne peut pas voir. Au bout de sept minutes, je sais qu'il est temps de résumer la situation et d'amener l'entretien à son terme.

Sixièmement, l'une des méthodes les plus couramment employées consiste à dire, tout simplement : « C'est le moment de clore la discussion. » Mais vous pouvez aussi présenter les choses ainsi : « J'apprécie vraiment que vous soyez venu me rendre visite. » Ou encore : « Je crois que nous nous sommes tout dit. »

Septièmement, donnez une ligne d'action à suivre à votre visiteur. « Marie, étant donné ce que nous avons dit, il nous reste deux choses à faire : j'ai noté dans mon agenda d'appeler Alain le 15 juin pour confirmer les termes du contrat, et je compte sur vous pour prendre le relais le 16 et commencer avec Alain la session de formation. Merci d'être venue. »

Huitièmement, faites des gestes éloquents. Fermez votre agenda, remuez quelques papiers, ou asseyez-vous à l'extrême bord de votre fauteuil.

Neuvièmement, demandez à votre secrétaire de vous interrompre, si nécessaire. Elle peut soit vous appeler au téléphone, soit faire irruption dans votre bureau, ce qui est mieux. La présence physique de quelqu'un crée toujours un sentiment d'urgence, en particulier si votre secrétaire vous dit : « Thierry, si d'ici cinq minutes vous n'êtes pas parti, vous ratez votre avion! »

Mais vous n'êtes pas obligé de mentir pour abréger un entretien. Pourquoi dire à quelqu'un que vous avez une autre réunion si ce n'est pas vrai? Est-ce que le jeu en vaut la chandelle?

Un jour, lors d'un séminaire, un monsieur me raconta l'histoire suivante : « Un matin, ma secrétaire m'appelle sur le téléphone intérieur et me dit :

– Francis arrive, il est au bout du couloir.

– Dites-lui que je ne suis pas là, lui demandai-je.

Une heure plus tard, je sortis de mon bureau et je vis

Francis qui m'attendait. Je venais de perdre tout mon crédit auprès de lui, et du même coup, un excellent client. »

N'oubliez jamais que l'amour-propre des autres est aussi sacré que le vôtre. Si vous mentez ou trompez quelqu'un sans habileté, alors vous créez la dysharmonie autour de vous et ne maîtrisez plus votre temps aussi efficacement que vous le devriez.

LE TÉLÉPHONE

La plupart des procédés utilisés pour écourter des visites qui se prolongent s'appliquent également aux conversations téléphoniques qui s'éternisent.

Premièrement, utilisez un chronomètre pour avoir une idée précise du temps qui s'écoule. Moi-même, j'appuie sur le bouton du chronomètre de ma mini-calculatrice chaque fois que je décroche le combiné. Ainsi, je peux savoir à n'importe quel moment, depuis combien de temps je suis en train de parler. L'utilisation du chronomètre est beaucoup plus efficace que l'emploi du sablier, préconisé par la plupart des consultants en gestion du temps. Le problème, avec le sablier, c'est que bien souvent, vous êtes si absorbé par votre conversation, que vous ne remarquez pas que le sable a fini de couler. En outre, combien de conversations téléphoniques avez-vous par jour, qui durent exactement trois minutes?

Deuxièmement, utilisez la technique du monologue. Si votre interlocuteur, à l'autre bout de la ligne, mène la conversation, cessez de parler. Ne dites plus un mot. Émettez simplement quelques grognements de temps en temps. Votre correspondant s'apercevra très vite qu'il s'agit d'une conversation à sens unique, et conclura de lui-même.

Troisièmement, utilisez l'objectif spontané. Réfléchissez avant de parler. Et notez l'objectif de cette conversation sur votre agenda. Ne téléphonez jamais sans vous promettre d'avoir un discours aussi concis que possible. Entrez directement dans le vif du sujet, et faites passer votre message avec le minimum de mots possible.

Quatrièmement, faites des gestes éloquents – je vous assure que ça marche! Un type m'a raconté que chaque fois qu'une conversation téléphonique s'éternisait, il se mettait à arpenter son bureau de long en large. Cela créait chez lui un sentiment d'urgence et écourtait la plupart des appels.

Certaines personnes m'ont dit qu'elles adoraient mettre leurs correspondants en attente. Lorsqu'elles se trouvent coincées dans une conversation trop longue, la lumière clignotante sur la touche d'une autre ligne les informe que quelqu'un d'autre cherche à les joindre. Aussi mettent-elles leur premier correspondant en attente et prennent-elles la nouvelle communication. Moi, je trouve offensant d'être interrompu à plusieurs reprises dans une conversation téléphonique, surtout si j'appelle quelqu'un de très loin, et que je l'appelle chez lui. La plupart d'entre nous n'apprécient pas d'être ainsi interrompus, même lors de conversations d'affaires. Notre but est de réduire le nombre des interruptions, pas de l'augmenter.

Lors de vos réunions, de vos conversations au téléphone, ou de visu avec des visiteurs impromptus, n'oubliez jamais que vous savez gérer efficacement votre temps, qu'il s'agisse de contrôler les événements ou de s'adapter intelligemment aux circonstances. Vous devez vous montrer efficace et adopter un comportement cohérent dans les circonstances que je viens de citer, aussi bien que dans n'importe quelle autre circonstance de votre vie.

15.

LE MANAGEMENT AU BOUT DES DOIGTS

Le management « au bout des doigts », c'est le fait d'avoir toujours à la portée de la main ce dont on a besoin, au moment où l'on en a besoin.

Lors des séminaires, rares sont ceux qui lèvent la main lorsque je demande : « Quels sont ceux, parmi vous, dont le bureau n'est jonché par aucun papier ? » Mais si je demande « Quels sont ceux dont le bureau est perpétuellement recouvert de diverses notes et petites choses inutiles ? », alors je vois s'élever la plupart des mains.

Puis je demande : « Pourquoi gardez-vous tous ces petits papiers sur votre bureau ? »

Et l'on me répond généralement : « Parce que ça m'aide à me souvenir des choses que j'ai à faire. »

Si je demande : « Et pouvez-vous accomplir toutes ces choses en un seul jour ? » on répond toujours non.

– Devriez-vous y arriver ?

– Non.

Et finalement je leur demande : « Vous sentez-vous frustré d'avoir le rappel de toutes ces choses urgentes sous les yeux à longueur de journée ? »

La réponse est oui, à chaque fois.

Laisser des papiers sur votre bureau crée un sentiment

d'urgence, c'est vrai. Mais il est fort probable que 70 ou 80 % de ces petites notes correspondent à des priorités mineures. Ces papiers n'ont rien à faire sur votre bureau.

J'ai déjà vu des entreprises dans lesquelles des piles de papiers recouvrent les bureaux où l'on stocke les piles de papiers incasables sur deux ou trois tables supplémentaires. Un avocat m'a raconté que lorsque l'on entasse ainsi des montagnes de papiers sur son bureau, il devient quasiment impossible d'en retrouver un. Il a tenu son Registre d'Efficacité pendant une semaine, et s'est aperçu qu'il perdait une heure et demie par jour à rechercher des informations. Les chefs d'entreprise ont généralement un grand calendrier mensuel sur lequel ils griffonnent des notes et des numéros de téléphone. A un autre endroit, sur leur bureau, est posé le fameux calendrier compact, avec un gros bloc de trois cent soixante-cinq feuilles – une feuille par jour. Il y a encore un calendrier fixe dans un cadre, sur le bureau, et un dernier accroché au mur.

Dans ce tableau désordonné traînent également un carnet dans lequel ils notent leurs dépenses et un répertoire téléphonique. Il m'est arrivé de voir pas moins de cinq répertoires sur le même bureau. Certains comportaient une petite section agenda. Alors, leur propriétaire, esclave du trombone, passe sa journée à extraire des informations de l'un, pour les placer dans un autre, et ainsi de suite.

En outre, ce que l'on rencontre fréquemment, c'est le tiroir rempli de listes de choses à faire. Leur propriétaire se précipite sur son tiroir et fouille fébrilement à l'intérieur, soudain pressé de retrouver cette liste de choses qu'il aurait dû faire il y a déjà quinze jours. Un bloc sténo pour les réunions du personnel, un classeur à feuilles simples pour les autres réunions, et un carnet à usage encore différent, peuvent également compter au nombre de ses possessions. Quant au tiroir où l'on classe les dossiers, il est tellement bourré de paperasses qu'il ne reste pas la moindre place pour y insérer les documents importants du moment.

J'ai vu des systèmes de classement de l'information des plus farfelus. Certains individus ont des pense-bêtes qui leur rappellent où trouver les notes qui concernent le dossier qui traite de l'affaire X. Sur un bureau, j'ai même vu une chemise en cuir véritable d'une valeur de 500 francs, avec toute une série de petites pochettes en plastique à l'intérieur. Cette chemise de luxe avait un mode d'emploi : on vous disait de glisser différentes cartes à l'intérieur des pochettes, chaque pochette correspondant à un degré de priorité particulier. Il n'est pas rare qu'un individu possède deux agendas et plus. Il y en a généralement un pour la maison et un pour le bureau. Je me souviens d'un chef d'entreprise femme qui avait un agenda manager grand format sur son bureau, un agenda manager format poche dans son attaché-case, et un tout petit agenda dans son sac à main. Elle passait son temps à les feuilleter les uns après les autres, à la recherche d'une information.

Lors d'un séminaire à Baltimore, j'ai vu un médecin qui portait une chemisette dont les deux poches étaient bourrées de notes.

– Qu'est-ce que vous avez là-dedans? lui demandai-je.

– A droite c'est ma poche « entrées * », répondit-il, et à gauche, ma poche « sorties * ».

Nous vivons tous dans un monde compliqué. Confrontés à ses nombreux défis, nous avons tendance à créer des systèmes du même niveau de complexité pour nous y adapter. Je vous conseille de retourner dans votre bureau et de déclarer la guerre à la complexité. Votre objectif est de

* « In-pocket » et « out-pocket » : l'équivalent de ce que seraient sur un bureau, un panier « entrées » (ou « in ») pour recevoir les documents à traiter, et un panier « sorties » (ou « out ») pour recevoir les dossiers traités par le manager et que sa secrétaire doit classer (NdE).

simplifier les choses. Moins vous aurez de livres et de papiers autour de vous, et plus vous serez efficaces. Prenez tous les calendriers qui encombrent votre bureau et reportez toutes les données clés qui s'y trouvent dans votre agenda. Puis jetez tous ces calendriers inutiles. Persuadez-vous que vous n'avez besoin que d'un calendrier, celui qui se trouve à l'intérieur de votre agenda. Le fait de jeter tous les autres vous encouragera à n'utiliser que votre agenda. Alors, ne puisant vos informations qu'à une seule et même source, vous serez plus efficace.

Prenez toutes les listes de choses à faire qui s'entremêlent dans votre tiroir et relisez-les une par une. Inscrivez certains de ces objectifs dans votre liste de réserve, et d'autres, s'ils sont réellement prioritaires, dans votre liste « action » quotidienne. Certaines données, sans intérêt aucun, ne seront pas reportées. Vous pouvez désormais jeter toutes ces listes inscrites sur des feuilles volantes dans la corbeille à papier.

Éliminez également tous les pense-bêtes. Si jamais un nouveau petit papier se présente sur votre bureau, résolvez le problème qu'il soulève immédiatement – s'il s'agit d'un objectif prioritaire –, puis jetez-le. Si vous ne pouvez accomplir cette tâche sur-le-champ, prenez le temps de reporter l'information sur la liste « action » d'un jour donné dans votre agenda. Ne glissez pas les petits bouts de papier dans votre agenda. N'oubliez pas qu'après le chien, la corbeille à papier est le meilleur ami de l'homme.

Grâce à la section « dépenses » dans votre calendrier quotidien, vous n'avez plus besoin d'utiliser d'autre carnet de dépenses. En outre, toutes les informations concernant ces dépenses figurent également dans votre agenda.

N'utilisez plus que le répertoire de votre agenda. Si vous avez besoin de conserver les coordonnées de plusieurs centaines de gens, alors reportez celles-ci sur un autre répertoire.

Mais conservez toujours le maximum d'adresses et numéros de téléphone utiles dans votre agenda.

Désormais, l'emploi d'un bloc sténo pour les réunions du personnel ne se justifie plus. Les pages rapport de votre calendrier quotidien le remplacent. En outre, vous disposez de quatre procédés de recherche de l'information. Ceci ajouté aux données figurant dans votre répertoire, vous avez désormais à portée de la main, toutes les informations dont vous pouvez avoir besoin.

Renoncez également à tous les systèmes de classement de l'information erronés auxquels vous aviez recours jusqu'à présent. Que faire de votre chemise en cuir véritable à cinq cents francs? Vous pourriez la faire encadrer.

Ce que je vous demande de faire sur-le-champ, c'est de modifier votre environnement de travail. Allez dans votre bureau, jetez un maximum de papiers inutiles, reportez les informations utiles au bon endroit, et classez vos dossiers. Faites-vous la promesse solennelle, qu'à partir de ce jour les petits bouts de papier sont bannis de votre bureau. Les procédés A, B et C du système de management au bout des doigts vous y aideront.

Représentez-vous votre espace de travail comme une cible. Le bureau sur lequel vous travaillez correspond au centre de la cible. L'espace le plus important est celui que vous occupez personnellement. Vient ensuite l'espace dans lequel les objets sont à votre portée, de même que ceux que vous tenez dans votre main, gardez dans votre poche, ou votre sac. Ces deux espaces constituent le domaine numéro 1, dans lequel se trouve votre agenda, à portée de main, sur votre bureau – ou dans votre main, chaque fois que vous n'êtes pas dans votre bureau. Le domaine B contient tous les objets que vous utilisez moins souvent. Le domaine C, ceux que vous utilisez rarement.

Rangez votre bureau. Puis accordez une fréquence

Le Management « au bout des doigts »
pour organiser votre cadre de travail

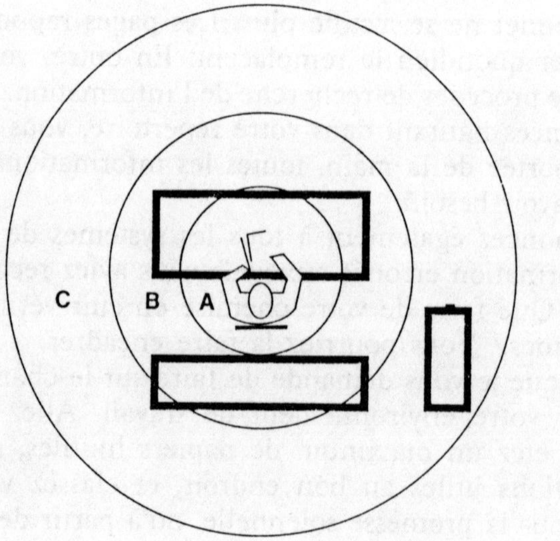

A = Utilisation fréquente (à portée de mains lorsque vous êtes assis)
B = Utilisation moyenne (vous devez vous lever pour y avoir accès)
C = Utilisation rare (vous devez vous déplacer pour y avoir accès)

d'utilisation à chacun des objets qui vous entourent. Prenons l'agrafeuse. L'utilisez-vous très souvent ? souvent ? rarement ? Et les trombones ? Et le bâton de colle ? Lorsque vous avez évalué la fréquence d'utilisation de chacun des objets qui vous entourent, trouvez-leur une place appropriée : A, B, ou C. Les trombones n'ont pas besoin de se trouver sur le bureau, agglutinés autour d'un aimant design à deux cents francs. La place adéquate serait plutôt la première corbeille de rangement, à l'intérieur du tiroir médian de votre bureau. D'une main, vous ouvrez rapidement le tiroir, tandis que de l'autre, vous saisissez un trombone. Si vous utilisez l'agrafeuse moins souvent que les trombones, rangez-la dans le dernier tiroir de votre bureau.

Après quoi, utilisez la méthode A, B, C, D – pas celle que nous venons de voir, mais celle qui est liée à l'importance d'une donnée – pour classer tous les papiers que vous pourrez trouver dans votre bureau. Faites-en une pile. Puis posez-vous les cinq mêmes questions que vous vous êtes posées pour classer vos objectifs quotidiens par ordre de priorité. Votre objectif est d'obtenir trois tas : un petit tas de papiers classés A, un tas B de hauteur moyenne et une grosse pile C. Bien entendu, la poubelle déborde de papiers classés D et aussitôt jetés.

Travaillez sur le tas B. De ci de là, vous trouverez des papiers que vous pourrez en fait classer A. Posez-les au sommet de la pile des papiers A. Après quoi, prenez tous les B restants et posez-les sur la pile C. Puis rangez cette pile C à l'intérieur d'un placard, hors de votre vue. Nous reportons la résolution des problèmes B et C à plus tard, et accentuons le sentiment d'urgence lié aux données A.

A présent, vous avez la pile A devant vous. Le fait qu'elle soit directement visible crée un sentiment d'urgence. Dans deux ou trois semaines, vous pourrez rouvrir votre placard et trouver, parmi les papiers C et B, un projet ou deux qui mérite un A. Posez alors ces papiers au sommet de la pile A et rangez de nouveau la pile C-B dans le placard. Ne la jetez pas tout de suite. Attendez encore deux ou trois semaines. Alors vous ferez une dernière vérification, puis vous vous débarrasserez définitivement de ces papiers.

Il y a de nombreuses années que je n'ai plus classé des papiers en piles A, B, C ou D. Dès que vous appliquerez le Système de Maîtrise du Temps, et que vous ferez un peu de ménage tous les soirs sur votre bureau, vous n'aurez plus besoin de piles A, B, C et D.

Une bonne façon d'empêcher les montagnes de papiers

de prendre des proportions considérables, c'est de ne prendre en main chaque papier qu'une seule fois. C'est là un bon objectif de Maîtrise du Temps.

Combien de fois avez-vous pris en main les papiers qui se trouvent sur votre bureau ? Il y a des gens qui me répondent vingt ou trente fois, pas moins. Les papiers présents sur votre bureau créent un sentiment d'urgence. Aussi devriez-vous avoir pour règle de ne garder que les papiers où figurent des données sur lesquelles vous travaillez en ce moment. Rien d'autre.

Comment répondez-vous au courrier si vous n'avez pas de secrétaire ? Premièrement vous devriez : ouvrir vos lettres dès que vous les recevez. Consulter votre liste d'objectifs quotidiens pour savoir à quelle heure vous avez prévu de répondre à la correspondance. Vous devez lire toutes les lettres que vous venez de recevoir, puis faire une première pile de celles auxquelles vous devrez répondre. Revoyez ensuite rapidement les autres lettres et faites un tri. Le courrier totalement dénué d'intérêt va directement à la poubelle. Les lettres qui valent la peine d'être parcourues sont lues dans les grandes lignes puis jetées au panier. Les lettres qui mériteraient d'être relues à tête reposée sont constituées en pile de lecture. Lorsque vous avez opéré ce tri, répondez à vos lettres de la manière la plus opérationnelle possible.

Lorsque vous recevez une lettre dans laquelle on vous demande une information, quelle est la manière la plus rapide et la plus efficace de transmettre cette information par courrier ? Notez tout simplement cette information en bas de la lettre que vous venez de recevoir ou en bas d'une photocopie de cette lettre. Vous n'avez même pas besoin de faire une phrase complète. Tapez une enveloppe. Et voilà votre réponse prête à partir. Ceci est plus efficace que d'envoyer une lettre qui commence par « Suite à votre courrier du 9 avril, dans lequel vous me demandiez de... » D'ailleurs, votre correspondant lira plus volontiers une réponse de quelques lignes précises, qu'une longue lettre alambiquée.

La deuxième méthode pour répondre au courrier d'une manière efficace, c'est le magnétophone. La plupart des grandes marques vous proposent des modèles de poche. Pendant votre temps libre, dictez votre courrier. (J'ai écrit ce livre en trois semaines, grâce au magnétophone. Mais il a fallu trois ans pour le mettre en forme et l'éditer. La mise au point du Système de Maîtrise du Temps m'a pris encore plus de temps.)

La troisième manière efficace de répondre à vos lettres, c'est d'utiliser les services d'une sténodactylo. Le problème, en pareil cas, est que vous utilisez le temps de quelqu'un alors qu'avec le magnétophone, vous n'utilisez le temps de personne.

La manière la plus lente de faire sa correspondance, c'est de rédiger ses lettres à la main. 42 % des cadres, aux États-Unis, font leur correspondance de cette façon. Un cadre qui travaille à New York m'a dit qu'il rédigeait ses lettres à la main, puis qu'il les dictait au magnétophone parce que sa secrétaire n'arrive pas à lire son écriture.

La correspondance informatisée est la plus rapide de toutes. Mais prenez garde à la prolifération de banalités. Il est tellement facile d'entrer des données dans le système informatique de l'entreprise, que l'on risque l'accumulation de données inutiles.

A moins que vous n'ayez un usage constant du téléphone, ne placez pas celui-ci sur votre bureau. Lorsqu'il est sous vos yeux, il vous rappelle que vous avez des coups de fil à donner. Mais ne le laissez pas créer ce sentiment d'urgence, car il est noté dans votre agenda à quelle heure vous devez donner ces coups de téléphone.

Qui a dit qu'il fallait utiliser des corbeilles de rangement dans lesquelles placer des papiers « urgents » ? Qui a précisé que ces corbeilles devaient se trouver sur votre bureau, à la portée de tout le monde ? Les gens utilisent ces corbeilles pour créer un sentiment d'urgence à propos de tâches qu'ils n'ont pas encore accomplies. Mais le Système de Maîtrise du Temps rend l'utilisation de ces corbeilles inutile. Votre liste d'objectifs quotidiens vous indique à quel moment vous devez vous occuper de tels et tels problèmes.

Alors, où placer les papiers ordinairement engrangés dans les corbeilles « entrée » et « sortie » ? Choisissez deux tiroirs. L'un contiendra les informations à traiter, l'autre les affaires que vous aurez traitées. Ils seront placés l'un sous l'autre, à la gauche ou la droite de votre bureau.

Informez les gens qui travaillent avec vous que les corbeilles de rangement se trouvent désormais dans un tiroir « affaires à régler » et un tiroir « affaires classées ». Apposez une étiquette sur ces tiroirs, afin que vos employés puissent les reconnaître. Après leur avoir donné pour instruction de ne plus placer les papiers courants sur votre bureau, mais dans le tiroir « affaires à régler », veillez à ce que vos collaborateurs s'y conforment. Si un papier atterrit sur votre bureau, n'y répondez pas. Rendez-le à la personne qui l'a posé là et rappelez-lui à quel endroit elle est censée placer ce genre de papiers. Si plusieurs personnes inondent votre bureau de petits papiers, alors demandez à votre secrétaire de les récupérer, et de les placer, par ordre de priorité, à l'intérieur du tiroir des affaires courantes. Les gens qui ont besoin d'une somme de papiers considérable dans leur travail, tels que les éditeurs, pourraient utiliser deux tiroirs au lieu d'un pour classer leurs affaires courantes; ou même une pièce de rangement.

Lorsque vous organisez votre environnement de travail, n'éliminez pas tous les beaux objets pour vous retrouver dans une espèce de cellule austère. Une plante verte, un tableau, ou une sculpture, enfin tout ce qui vous paraît beau devrait demeurer près de vous. Votre bureau devrait représenter une zone de sécurité pour les autres. Ainsi, lorsqu'ils sont dans votre bureau, ils se sentent acceptés, à l'aise et productifs. C'est une bonne idée que d'utiliser le système du management au bout des doigts avec les gens aussi bien qu'avec les choses. Lorsqu'une personne vient vous rendre visite dans votre bureau, cela crée des relations impersonnelles que de la prier de s'asseoir en face de vous, de l'autre côté de la table. Dans la plupart des cas, il est plus judicieux de s'asseoir du même côté du bureau que son visiteur. Si vous disposez d'un grand espace où installer un canapé, c'est encore mieux.

Un dernier mot sur le management au bout des doigts : vous pouvez appliquer ce système aussi bien à la maison qu'au bureau : dans votre façon de ranger vos vêtements dans votre armoire, les casseroles, les plats et les couverts dans la cuisine, en choisissant les endroits où installer les postes téléphoniques. N'oubliez pas de choisir une place pour chaque chose, et de l'y ranger chaque fois que vous l'avez utilisée. C'est de loin la meilleure manière de ranger ses affaires sans perdre le contrôle des événements.

16.

COMMENT DIFFÉRER EFFICACEMENT LA RÉALISATION DE VOS PROJETS

Êtes-vous du genre à facilement remettre les choses au lendemain? Si oui, ne culpabilisez pas. Si vous êtes passé maître dans l'art de différer vos projets, alors c'est tout à votre avantage, car il s'agit là de l'un des piliers de voûte d'une gestion efficace du temps. Vous devez seulement apprendre à différer les projets C et D et éviter de remettre à plus tard la réalisation des projets A et B.

La plupart des gens diffèrent la réalisation de projets vitaux. Pourquoi? Parce que la plupart des gens ne déterminent pas l'importance de leurs projets avant toute chose. Quand ils planifient leurs projets à long terme, ils oublient d'envisager les conséquences qu'aurait un projet non réalisé. Et plus tard, trop tard, ils voient les conséquences de leur inaction. Mais après avoir défini, écrit et classé vos principes unificateurs par ordre de priorité, et avoir défini les objectifs à long, moyen et court terme qui en découlent, il vous est facile de distinguer les A et les B des C et des D.

Il y a treize procédés efficaces qui vous permettent de différer vos projets dans l'optique d'une bonne maîtrise de votre temps. Vous noterez que chacun de ces procédés crée un sentiment d'urgence dans la réalisation des projets classés

A et atténue ce sentiment d'urgence pour les projets de moindre importance.

Premièrement, soyez souple dans votre emploi du temps. Je trouve très bien que vous réussissiez à bloquer deux ou trois heures dans une journée pour réaliser un objectif A. Mais n'en faites pas une habitude. Ne tentez pas de réaliser concrètement et complètement toutes les tâches de votre liste « action » quotidienne. Ce serait là une attitude totalement irréaliste. Cela ne marcherait pas, car alors vous ne pourriez faire face aux événements imprévisibles qui ne manqueront pas de jalonner votre journée. S'il n'existe pas une certaine souplesse dans votre liste d'objectifs quotidiens, vous ne vous en sortirez pas.

Deuxièmement, faites demain ce que vous ne pouvez faire aujourd'hui. Une liste d'objectifs quotidiens, classés par ordre de priorité, est une très bonne chose pour avoir une certaine souplesse dans son emploi du temps. Les objectifs non réalisés à la fin d'une journée peuvent être reportés dans la liste des objectifs du lendemain, et de nouveau classés par ordre de priorité en tenant compte des objectifs déjà existants.

Troisièmement, utilisez votre liste de réserve comme un carnet de bord des objectifs différés. La plupart des gens devraient préparer leur liste de réserve une fois par mois, en tenant compte des objectifs non réalisés dans la liste de réserve du mois précédent, et en y ajoutant des idées nouvelles. Les objectifs de moindre importance, qui apparaissent fréquemment sur vos listes « actions » quotidiennes, pourraient se voir reportés sur votre liste de réserve.

Conservez cette liste sur une feuille de papier dans les premières pages de votre agenda. Le haut de la page sera réservé aux projets personnels, le bas aux projets de société.

Si vous avez de nombreuses données, vous pouvez les classer par catégories : correspondance à rédiger, coups de fils à donner, projets particuliers. Votre liste de réserve « personnelle » pourrait comporter des catégories telles que : maison et famille, activités civiques, ou tout autre rappel de vos responsabilités.

Utilisez votre liste de réserve pour nourrir votre liste d'objectifs quotidiens. Vous devriez le faire deux ou trois fois par semaine au moins, afin de ne rien négliger de votre liste de réserve.

Quatrièmement, ne faites qu'une chose à la fois, lorsqu'il s'agit d'une chose qui demande de la concentration. La plupart des gens s'agitent dans tous les sens, passant d'un projet à l'autre, sans jamais vraiment rien terminer. Ils prennent pour prétexte les petits bouts de papiers qui traînent sur leur bureau pour agir avec frénésie. Voilà qui n'est pas très efficace. Essayez plutôt de vous imaginer que vous êtes un sablier. Dans un sablier, les grains tombent un par un. Que le premier grain qui tombe soit votre objectif A1. Laissez tomber les autres grains selon l'ordre de priorité préétabli.

Vous pouvez faire tomber les grains plus rapidement, si vous le désirez, mais ne considérez qu'un seul grain à la fois, en achevant chaque projet avant de passer au suivant. Lorsqu'une action ne vous demande pas une attention particulière, il peut être bon de faire deux choses – ou plus – en même temps. Si vous êtes capable de parler tout en marchant, alors tenez des réunions déambulatoires, en parcourant les couloirs de votre entreprise.

Cinquièmement, placez une note concernant votre objectif A1 du lendemain, au milieu de votre bureau. Avant de quitter votre travail, le soir, rangez votre bureau. Ne laissez que votre objectif A1 en plein centre. Le reste du bureau devrait être parfaitement net. Ainsi, lorsque vous arrivez, le lendemain matin, vous voyez cet objectif A1, vous ne voyez que lui, et vous avez tendance à le réaliser en priorité.

Sixièmement, choisissez les moments de la journée les plus propices à la réalisation de vos divers objectifs et respectez scrupuleusement votre planning. Quel est le moment de la journée où vous vous sentez le plus efficace ? Pour la plupart des gens, c'est tôt le matin. C'est pourquoi je vous ai recommandé de planifier votre journée au début de la matinée. Ne retardez jamais ce moment consacré à la planification de vos objectifs. Ne lisez pas les journaux au moment où vous devriez faire votre planification – à moins que lire la presse ne soit vital pour vous.

Je vous recommande également de ne pas passer votre journée à tenter de joindre vos correspondants. Résistez à l'envie d'appeler. Ne donnez des coups de fil que lorsque votre correspondant a toutes les chances d'être là. Au moment où vous préparez votre liste d'objectifs quotidiens, écrivez : « Coups de téléphone. » Puis, en alinéa, inscrivez les noms de tous les gens que vous devez appeler, avec leur numéro de téléphone et un ou deux mots indiquant le motif de votre appel. Si vous avez des coups de téléphone à donner dans diverses parties du monde ou du pays, regroupez ces appels par zones géographiques.

Ce que je viens de vous dire à propos du téléphone est également vrai pour le courrier. Laissez-le s'accumuler jusqu'à l'heure de la journée, à laquelle il est prévu que vous y répondiez.

Septièmement, utilisez efficacement les temps morts. Nos journées à tous comportent des temps morts : nous attendons des gens avec lesquels nous avons rendez-vous, ou encore un avion dans un aéroport. A combien d'heures estimeriezvous le total de ces temps morts dans une année de votre vie? D'après mes observations, il n'est pas rare que les hommes d'affaires comptabilisent pas moins de quatre cents heures « vides », correspondant à dix semaines de travail de quarante heures. Judicieusement employé, ce temps peut devenir très précieux à quelqu'un qui sait ajourner la réalisation de certains projets d'une manière créative.

Ne quittez jamais votre bureau, votre maison, n'allez jamais nulle part sans emporter le matériel nécessaire à la réalisation d'un objectif A : un livre précis, un rapport à achever. Vous emporterez également toujours votre agenda, dans lequel il y a toujours une matière vitale sur laquelle travailler.

Lors d'un temps mort apprenez aussi à vous relaxer. L'essayiste et critique anglais, John Ruskin, a dit que : « Il n'y a pas de musique dans un silence, mais c'est pourtant là que la musique se crée. Et les gens passent toujours à côté de ces moments d'harmonie. »

Huitièmement, fixez-vous des dates limites de réalisation de vos objectifs. Les dates limites de remise des travaux créent un sentiment d'urgence. Fixez-vous des dates limites pour la réalisation de vos objectifs A. Vos collaborateurs doivent également en avoir conscience. Lorsque vous donnez une tâche à accomplir à l'un d'entre eux, ne vous estimez pas satisfait s'il accepte de vous rendre son travail dans quinze jours. Dites-lui : « Je compte bien que vous me remettiez ce travail le 31 octobre à neuf heures. » Un employé qui vous voit noter cette date dans votre agenda comprend que vous accordez une grande importance à ce projet. Mais ne fixez pas de date limite aux projets sans grande valeur.

Neuvièmement, restez rivé à votre bureau jusqu'à ce que vous en ayez fini avec un travail précis. Lors d'un séminaire à Newport Beach, en Californie, l'un des participants me raconta l'histoire suivante : « J'avais un projet ardu à réaliser, et je n'arrivais pas à m'y mettre. Aussi décidai-je de ne pas sortir de mon bureau tant qu'il ne serait pas achevé. Alors j'ôtai ma ceinture et m'attachai la jambe au pied de la table. Finalement, je réussis à terminer ce travail, et du coup, je me sentis mieux dans ma peau. »

Je ne vous recommande pas particulièrement d'utiliser ce procédé, mais n'oubliez jamais que l'on persévère dans une action lorsqu'on en tire une réelle satisfaction. Créez un sentiment d'urgence à propos d'un objectif A1 que vous n'avez toujours pas réalisé. Après quoi, promettez-vous qu'après avoir achevé votre travail, vous prendrez du bon temps.

Moi, j'adore lire des biographies. Si l'un de mes objectifs vitaux tarde à être réalisé, alors j'en fais mon objectif A1, tandis que « lire la biographie de X » devient mon objectif A2. Le temps qui me reste après avoir réalisé mon objectif A1, je le passe à lire une biographie. En vous accordant ce genre de récompense, vous réussirez à accomplir les tâches les plus ennuyeuses.

Dixièmement, « mangez d'abord la croûte ». Comment mangez-vous une part de tarte ? Mordez-vous d'abord la pointe, ou bien grignotez-vous des petits bouts de fruits sur le côté ? Tout bon Américain digne de ce nom tient fermement sa part de tarte la pointe dirigée vers sa bouche, puis il l'attaque et la mange, jusqu'au bout. Jusqu'à la croûte, sans en laisser une miette. Or j'ai constaté que les Européens laissaient fréquemment la croûte dans leur assiette. Voyant un ami américain manger sa tarte à l'européenne, un homme s'exclama :

– Mais que faites-vous là ?

– Je n'aime pas la croûte. Alors, je la laisse.

Afin de ne pas ajourner vos projets vitaux, vous devez

accepter de manger la croûte. Il faudrait même commencer par là, par réaliser, d'abord, la partie la plus dure d'un projet.

Onzièmement, « faites-le tout de suite ». Longtemps, j'ai collé des petits pense-bêtes partout : sur la glace de ma chambre, sur le tableau de bord de ma voiture. Grâce au Système de Maîtrise du Temps, j'ai définitivement éliminé tous ces petits bouts de papier. Vos objectifs sont inscrits dans votre liste de priorités quotidiennes, ainsi que dans votre liste de réserve. Si vous désirez éviter d'ajourner vos projets classés A et B, alors notez, comme objectif de maîtrise du temps dans votre liste de priorités quotidiennes : « A faire tout de suite. » Et inscrivez MT devant chacun de ces projets – MT pour : objectif de maîtrise du temps –. Ainsi, chaque fois que vous regarderez votre liste d'objectifs quotidiens, cette abréviation vous rappellera que vous devez passer à l'action immédiatement.

Douzièmement, lorsque vous vous enlisez, attelez-vous à une autre tâche. L'une des idées majeures développées dans ce chapitre, c'est de vous tenir à un travail jusqu'à la fin, afin de ne pas différer sans cesse la réalisation de vos objectifs prioritaires. Néanmoins, si vous arrivez à un stade d'improductivité totale, laissez provisoirement tomber votre projet et axez-vous sur la réalisation d'un autre projet A.

Albert Schweitzer pensait qu'il vaut mieux changer d'activité que de se reposer. Lorsqu'il commençait à se fatiguer, plutôt que de faire des petites siestes, comme Thomas Edison, Schweitzer s'attelait à la réalisation d'un autre projet d'importance vitale. Après avoir passé des heures à soigner les indigènes dans d'humides contrées africaines, il jouait du Bach sur son orgue. Il prenait des vacances tous les trois ans, et faisait alors une tournée en tant qu'organiste – tournée très chargée et soigneusement programmée.

Schweitzer a mené de front quatre carrières avec succès : il a été docteur dans la jungle, organiste concertiste, théologien et philosophe. Il faisait autorité en matière de fabrication d'orgues et possédait des connaissances en anthropologie et en archéologie. Comment un seul homme fut-il capable de réussir autant de choses à la fois ? Il dormait trois heures par nuit. Mourut-il jeune ? Pas du tout, il vécut jusqu'à quatre-vingt-treize ans.

– Un vieux gâteux de quatre-vingt-treize ans, plaisanta l'un des participants d'un séminaire.

Je vous suggère de lire la biographie d'Albert Schweitzer. C'est l'histoire d'un homme dont les actes étaient en parfaite harmonie avec les valeurs, un homme passé maître dans l'art de maîtriser le temps.

Treizièmement, changer les tâches difficiles en des jeux plaisants. Même les adultes aiment qu'on les mette au défi de montrer qui est le plus rapide et le meilleur. Il y a un jeu de gestion du temps que je pratique depuis plusieurs années et que j'aime particulièrement. Il consiste à établir une liste d'objectifs quotidiens si longue qu'il faudrait trois ou quatre jours à un individu normalement constitué pour en venir à bout. Les règles du jeu, ce sont les cinq questions qui permettent de classer des objectifs par ordre de priorité, et que nous vous avons présentées au chapitre 9. Le but du jeu est, bien entendu, d'accomplir toutes les tâches portées sur la liste avant la fin de la journée. Il m'arrive parfois de gagner, et alors je me sens vraiment très bien dans ma peau.

17.

RÉCAPITULATION AVANT DE PASSER A L'ACTION

Je m'étais fixé cinq objectifs en écrivant ce livre : vous faire prendre conscience de l'importance qu'il y a à bien gérer son temps et à définir clairement ses objectifs de maîtrise du temps; vous proposer un système qui vous permette d'établir une liste de vos objectifs de société ainsi que de vos objectifs personnels, à long, moyen et court terme; enfin, vous donner les outils nécessaires pour parvenir à réaliser ces objectifs – tout cela en relation, bien entendu avec des valeurs précisément définies, que j'appelle vos principes unificateurs. Avant de poursuivre, résumons ce que vous avez appris jusqu'ici.

Nous avons commencé par définir la maîtrise du temps comme l'acte de contrôler les événements. Puis nous avons défini deux autres concepts qui servent de base au Système de Maîtrise du Temps : l'harmonie et l'efficacité. L'harmonie représente l'ambiance qui doit régner entre les différents événements de votre vie, entre vos valeurs et vos actes. L'efficacité, c'est votre capacité à vous focaliser sur vos objectifs vitaux, et à les réaliser.

Au chapitre 2, j'ai défini cinq catégories d'événements anticipés : ceux que vous pensez ne pas pouvoir contrôler, quand effectivement vous en êtes incapable; ceux que vous croyez ne pas pouvoir contrôler, alors que vous le pouvez; ceux que vous pensez pouvoir contrôler, quand vous en êtes incapable; ceux que vous savez pouvoir contrôler, mais ne contrôlez pas; et enfin, ceux que vous savez pouvoir contrôler et que vous contrôlez. Les événements que vous avez l'intention de faire passer sous votre contrôle sont vos objectifs. Un but, ce n'est rien d'autre qu'un événement anticipé que vous cherchez à contrôler. En assignant une valeur particulière à un objectif, comparativement aux valeurs accordées aux autres, vous classez ceux-ci par ordre de priorité. Ainsi, une priorité, c'est un objectif auquel vous accordez une grande valeur.

Curieusement, moins de 5 % des Américains couchent leurs objectifs personnels sur le papier. Encore plus rares sont ceux qui utilisent une méthode efficace pour les classer par ordre de priorité et rester focalisés sur les plus importants d'entre eux. Tous ces gens passent à côté de l'une des sensations les plus excitantes de la vie : la joie que procure un véritable amour-propre. Tandis que vous réalisez vos objectifs, votre amour-propre grandit. Les gens comme vous, dotés d'un grand amour-propre, se fixent souvent des objectifs idéalistes, des objectifs qui représentent un défi, et ils parviennent néanmoins à les réaliser. Si vous vous fixez des objectifs, mais ne réussissez pas à les réaliser, votre amour-propre est blessé. Si vous ne parvenez jamais à réaliser vos objectifs, alors vous risquez d'y perdre presque toute estime de vous-même. La clé pour se construire un amour-propre solide, c'est de bien gérer son temps.

Lorsque vous avez une haute estime de vous-même, alors vous avez le sentiment que les autres vous considèrent comme un être de valeur – vos collègues, vos amis, votre femme, vos enfants – et que vous êtes quelqu'un qui compte pour les diverses organisations auxquelles vous appartenez, pour votre ville, pour votre pays.

Dans le chapitre 3, nous avons établi la différence entre événements futiles et événements vitaux. Vous avez vu que le qualificatif urgent signifiait simplement : « qui nécessite de se mettre en action sur-le-champ ». Une urgence n'a rien à voir avec une priorité. Les gens sont souvent confrontés à des urgences qui ne sont que des priorités mineures, et dont il n'aurait jamais dû être question. Par conséquent, si vous désirez contrôler les événements efficacement, il est essentiel que vous fassiez la différence entre vital et urgent.

Plus les événements que vous contrôlez sont vitaux, et plus vous aurez une grande estime de vous-même. Et inversement. Tandis que vous cherchez à comprendre les événements qui se déroulent autour de vous, vous apprenez à reconnaître les événements A, B, C, et D. Pour devenir efficace, commencez par mémoriser et utiliser les cinq questions clés du Système de Maîtrise du Temps, qui vous permettent de classer vos objectifs par ordre de priorité.

1. Parmi les tâches quotidiennes figurant sur ma liste « action », lesquelles me seront les plus utiles dans la réalisation de mes objectifs majeurs à long et moyen terme ?
2. La réalisation de quels objectifs m'apportera-t-elle les meilleurs résultats à long terme ?
3. Quels sont ceux dont la réalisation me procurera la plus grande satisfaction ?
4. Que se passera-t-il si je ne réalise pas tous ces projets aujourd'hui ? Est-ce que quelqu'un en souffrira ?
5. Dans une perspective à long terme, grâce à la réalisation de quels projets me sentirai-je le mieux dans ma peau ?

Le fait d'avoir clairement défini vos priorités reporte le sentiment d'urgence absurdement lié aux événements C et D, sur les objectifs A qui seuls doivent en bénéficier.

Lorsque vous avez assimilé tout ceci, je vous conseille, dans un premier temps, de vous placer dans la perspective d'une vie entière – la vôtre – pour définir vos objectifs. Posez-vous les questions suivantes : « Quelles sont, parmi mes priorités, les plus importantes ? » – « Quelles sont les choses qui comptent le plus pour moi dans la vie ? » Pour répondre à ces questions, vous devez vous en remettre à votre conscience. Vous devez garder toute votre indépendance d'esprit pour formuler vos réponses.

Chacun d'entre nous a un passé, un présent et un avenir. Le legs de votre passé, c'est votre identité présente. Et c'est en regard de ce présent que vous planifiez votre avenir, ces événements anticipés que vous désirez faire passer sous votre contrôle. Pour réussir à être efficace, pour vous axer sur vos objectifs vitaux et les réaliser dans l'avenir, vous devez être en contact avec la réalité dans le temps présent.

L'effort initial pour déterminer quelles sont vos priorités vitales est un effort solitaire dont résulte un ensemble de principes unificateurs. Les valeurs que vous recherchez sont parmi les vérités les plus nobles de la vie. Et la majeure partie d'entre elles ont une qualité d'ordre spirituel, et pourraient s'énoncer comme suit : humilité, amour de sa famille, et pour les croyants, amour de Dieu.

Précisément définis, puis classés par ordre de priorité, vos principes unificateurs constitueront la base de votre pyramide de productivité. Vos objectifs à long, moyen et court terme, compléteront la pyramide. Les premiers objectifs que vous coucherez sur le papier sont vos objectifs à long terme. Certains d'entre eux doivent se situer très loin dans le futur. Laissez votre esprit vagabonder. Ne craignez ni l'impossible ni le ridicule. Tandis que vous définissez chacun de vos objectifs, confrontez-les à chacun de vos principes unificateurs, afin qu'ils ne soient jamais en contradiction avec eux.

Inscrivez au moins un objectif dans chacun des six domaines suivants : spirituel, professionnel, financier, social, intellectuel/culturel, et physique/récréatif. Ainsi vous ne concentrerez pas tous vos efforts dans le même sens. Au chapitre 7, je vous ai mis en garde contre le syndrome de Van Gogh, qui consiste à axer tous vos efforts sur la réalisation d'un seul et même objectif – particulièrement s'il s'agit d'un objectif du domaine professionnel, privilégié au détriment de votre santé et de vos relations affectives.

Une fois que vos objectifs à long terme sont classés par ordre de priorité, inscrivez chacun d'eux en haut d'une feuille de papier et demandez-vous : « Comment vais-je procéder pour accomplir celui-ci ? – celui-là, etc. » Vos réponses, étape par étape, constituent vos objectifs à moyen terme. La réalisation de ces objectifs à moyen terme représente la première étape dans la réalisation de vos objectifs à long terme.

Lors de l'étape suivante, vous établirez votre liste d'objectifs quotidiens, que vous classerez par ordre de priorité. Les objectifs à court terme qui composent votre liste « action » quotidienne représentent le sommet de votre pyramide de productivité. Tandis que vous établissez cette liste, n'oubliez jamais d'y reporter au moins un ou deux de vos objectifs clés à moyen et long terme. Cela vous permettra de créer une continuité entre vos objectifs, comme nous l'avons vu au chapitre 7.

Vos objectifs de société sont aussi importants que vos objectifs personnels, quoiqu'ils ne se situent pas aussi loin dans le futur – généralement cinq ans pour les premiers, et parfois jusqu'à vingt, trente ou même cinquante ans pour les seconds. Au chapitre 8, je vous ai suggéré de vous poser la question suivante : « Je suis payé pour faire quoi, exactement ? » Votre réponse sera une description abrégée de votre travail. Faites dériver au moins un ou deux objectifs à long terme des différentes catégories de votre description. Puis tirez des objectifs à moyen terme de ces objectifs à long terme, que vous intégrerez à votre liste d'objectifs quotidiens.

J'ai insisté sur le fait que vous deviez absolument vous réserver un moment de solitude, chaque matin, afin de planifier votre journée. Je vous recommande de situer ce moment très tôt dans la matinée, dès que vous êtes sorti du lit et habillé, alors que vous êtes encore coupé du reste du monde. Je vous suggère, en outre, de vous engager à vie à le faire. Pour planifier chaque matin votre journée selon le Système de Maîtrise du Temps, il vous faut un outil qui vous offre le meilleur accès possible à vos principes unificateurs et à vos objectifs à long terme. Cet outil, c'est votre agenda-classeur. Il vous permettra de vous autodiscipliner, de faire mieux les choses qu'il faut faire, de les faire de la bonne manière et au bon moment, que cela vous plaise ou non. Vos principes unificateurs, vos objectifs à long et moyen terme, vos objectifs de maîtrise du temps, sont toujours accessibles car figurant dans les premières pages de votre agenda. Vous pouvez vous y référer chaque matin en établissant votre liste d'objectifs quotidiens.

J'ai choisi un agenda qui dispose de deux pages par jour et d'un calendrier mensuel. Mais quel que soit l'agenda que vous utiliserez, vous devez toujours l'avoir sur vous. Il vous permettra :

- De vous concentrer sur vos priorités vitales dans le but de parvenir à l'harmonie et d'arriver à être efficace.
- D'accéder en permanence à la liste de vos valeurs, et de vos objectifs à long, moyen et court terme.
- De disposer d'un rapport quotidien de vos activités, tant professionnelles que personnelles.

- De vous assurer que vous ne laissez jamais passer une idée intéressante.
- De consigner sur une ou deux pages, les idées essentielles que vous désirez communiquer aux autres lors des réunions, des conversations téléphoniques, ou dans votre correspondance.
- De disposer d'une somme de données dans laquelle vous pourrez retrouver instantanément toute information utile.
- De confier certains projets à vos collaborateurs, d'établir des dates limites de remise des travaux, et de les noter.
- D'y insérer toutes sortes de données telles que : les objectifs de vos collaborateurs, des listes de livres, des cartes, des lettres au format réduit, etc.
- D'avoir toutes vos adresses et numéros de téléphone à portée de la main.
- De contrôler les rapports financiers en ayant la liste et les motifs de vos dépenses sous les yeux.

En bref, votre agenda vous permet d'être très efficace et d'agir d'une manière cohérente.

Depuis le chapitre 10, nous avons braqué les projecteurs sur vous à l'intérieur de l'entreprise. Notre but était de mettre en évidence un certain nombre de suggestions importantes qui vous aideraient à contrôler les événements dans vos relations avec les autres. Nous avons vu ce qu'était un directeur, un cadre ou un employé efficace.

Un individu qui gère bien son temps, sait à quoi il l'emploie. Voilà pourquoi nous vous avons initié au Registre d'Efficacité dans le chapitre 11. Je vous recommande de tenir votre Registre d'Efficacité jusqu'au moment où vous en tirerez un échantillonnage représentatif de l'utilisation de votre temps. Le Registre d'Efficacité vous aidera à définir tous les facteurs de perte de temps, que vous cherchez à rayer de votre vie.

Notez que l'un des facteurs majeurs de perte de temps, c'est de se laisser dominer par ses préoccupations. Modifier vos habitudes, développer votre esprit d'observation, accélérer le rythme de vos mouvements, avoir toujours un stylo à la main lorsque vous réfléchissez, voilà autant de moyens qui peuvent vous aider à éviter d'être préoccupé. Les individus qui gèrent efficacement leur temps sont des gens à l'esprit très vif, qui développent sans cesse leur énergie vitale et acquièrent en permanence de nouvelles connaissances.

Je vous ai suggéré de lire des biographies car ce genre de littérature est une source très riche en leçons de maîtrise du temps.

Je vous ai parlé des attitudes positive et négative, des lingots d'or et des sales briques. Je vous ai démontré comment les lingots d'or vous permettent d'économiser un temps précieux. Si quelqu'un agit d'une façon qui vous déplaît, allez voir cette personne et réglez le problème avec elle.

Nous avons constaté que la plupart des réunions ne servent à rien, et que la majorité d'entre elles sont mal dirigées. Les chefs d'entreprise qui gèrent leur temps efficacement écourtent ces réunions, tout en augmentant leur impact.

Le management au bout des doigts vous donne la possibilité de réorganiser votre environnement de travail, afin d'y gagner en efficacité et en productivité.

Au chapitre 16, nous avons vu comment ajourner efficacement vos projets, afin de reporter le sentiment d'urgence lié aux événements mineurs, sur les événements majeurs.

Tous ces procédés peuvent faire de vous un gestionnaire efficace de votre temps, dont les actions sont en harmonie avec les valeurs, et dont l'amour-propre se renforcera de jour en jour. Et croyez-moi, vous vous sentirez, très, très bien.

18.

CENT UN OBJECTIFS DE MAÎTRISE DU TEMPS

Le Système de Maîtrise du Temps, contrairement aux autres procédés de gestion du temps, est un système détaillé et complet, qui vous permet de prendre en main votre vie, aussi bien que votre travail. Tandis que les autres systèmes évoquent le « quoi », le Système de Maîtrise du Temps vous explique le « comment » de gérer votre temps, et vous propose divers procédés simples, mais cohérents qui vous assurent des progrès permanents, un succès continu, et un amour-propre de plus en plus grand. Le Système de Maîtrise du Temps vous apporte efficacité et cohérence dans vos actions, grâce au procédé de continuité dans les objectifs – un concept sans précédent. Si vous appliquez ce système correctement, vous cessez de différer sans cesse vos projets, et vous vous débarrassez de ce sentiment de culpabilité qu'éprouve celui qui remet toujours tout à plus tard. Votre récompense est de pouvoir consacrer plus de temps à votre famille, vos amis et vos hobbies. En outre, vous bénéficierez d'une meilleure santé.

Nous arrivons maintenant à la mise en place du Système de Maîtrise du Temps. Les objectifs de Maîtrise du Temps, sont la clé de la réussite de ce système. Une fois les objectifs de Maîtrise du Temps définis puis classés par ordre de priorité, tous les autres objectifs se mettent en place spontanément. Conservez la liste de vos objectifs de Maîtrise du Temps dans les premières pages de votre agenda, et n'établissez jamais votre liste d'objectifs quotidiens, sans en insérer un ou deux parmi ceux-là. Je vous suggère d'adopter les dix objectifs suivants comme vos objectifs de Maîtrise du Temps, et de ranger au moins les sept premiers parmi vos priorités majeures.

A1 – Durant les prochaines vingt-quatre heures, je consacrerai un assez long moment à planifier mes objectifs, intégrant ainsi le Système de Maîtrise du Temps à ma vie et à mon travail.

A2 – Après quoi, à partir du – notez une date D – je consacrerai entre quinze et trente minutes par jour à la planification de mes objectifs personnels.

A3 – Je passerai entre quinze et trente minutes par jour à planifier mes objectifs de société à mon bureau.

A4 – Le – une date donnée – j'aurai défini et classé mes principes unificateurs par ordre de priorité.

A5 – Le – une date donnée – j'aurai défini et classé par ordre de priorité, mes objectifs personnels à long et moyen terme.

A6 – Le – une date donnée –, j'aurai défini et classé par ordre de priorité mes objectifs de société à long et moyen terme.

A7 – Dans ma manière d'utiliser mon agenda, j'appliquerai sans faillir le Système de Maîtrise du Temps.

A8 – J'établirai mon Registre d'Efficacité pendant deux semaines, du – une date donnée – au – une autre date.

A9 – A telle date, j'aurai terminé l'analyse de mon Registre d'Efficacité.

A10 – Je lirai des ouvrages dans le domaine qui est le mien et dans d'autres domaines s'y rapportant, au moins une demi-heure chaque jour.

Les cent un objectifs de Maîtrise du Temps qui suivent constituent une synthèse des idées énoncées jusqu'ici. Lisez attentivement la liste, et faites une croix devant les objectifs que vous avez déjà réalisés. Entourez ceux qui, à votre avis, représenteraient pour vous de bons objectifs de Maîtrise du Temps. Puis classez-les par ordre de priorité : A1, A2, A3, etc. N'oubliez pas que vous ne pouvez avoir qu'un seul A1, un seul A2, un seul A3, etc. Lors de mes séminaires, mes élèves sélectionnent neuf de ces objectifs en moyenne. Mais certains d'entre eux en retiennent pas moins d'une trentaine, qu'ils intègrent à leurs listes d'objectifs en quelques semaines.

1. Évaluer mes résultats actuels en me basant sur mes principes unificateurs.
2. Trouver une définition plus fine de mes objectifs en fonction d'un critère précis de recherche de la perfection.
3. Faire en sorte que tous mes objectifs à moyen et court terme soient précis et en harmonie avec mes principes unificateurs.
4. Créer la continuité parmi mes objectifs.
5. M'assurer que je connais vraiment les objectifs de mon entreprise et du département dans lequel je travaille.
6. Établir un bon équilibre entre mes différentes activités professionnelles (le Registre d'Efficacité vous y aidera).
7. Faire des petits contrôles périodiques, afin de m'assurer que j'ai devant moi des perspectives équilibrées.

8. Me demander régulièrement : « Qu'est-ce qui menace le plus ma survie spirituelle, professionnelle, financière, sociale, intellectuelle et physique ? » Puis me fixer des objectifs en tenant compte de la réponse.
9. Conserver toujours, à l'intérieur de mon agenda, la liste de mes objectifs à long et moyen terme classés par ordre de priorité, afin de m'y référer chaque fois que j'établirai une liste d'objectifs quotidiens.
10. Établir, tous les matins, une liste d'objectifs quotidiens.
11. Faire une liste de réserve chaque mois.
12. Avoir un usage complet de mon agenda, en y inscrivant des données, en employant un système de référence qui me permet d'aller d'une donnée à l'autre, et en ayant la possibilité de retrouver instantanément toutes informations utiles.
13. Faire une liste des idées, des gens et des lieux un peu trop rassurants, qu'il serait bon de bannir de mon agenda.
14. Quitter mon espace de confort au moins trois fois par jour.
15. Trouver chaque matin mon objectif A1 au milieu de mon bureau.
16. Si un objectif A1 s'avère accablant, le « débiter en tranches ».
17. Ne pas quitter mon bureau tant que mon objectif A1 n'est pas réalisé.
18. Ne faire qu'une seule chose à la fois, si cette action requiert toute mon attention.
19. Déterminer quel est le meilleur moment de la journée pour accomplir chaque tâche.

20. Réaliser mon projet le plus important immédiatement.
21. Parmi mes projets vitaux, réaliser le plus difficile en premier.
22. Faire d'une tâche ardue un jeu plaisant.
23. Mettre à profit tous les temps morts de mon emploi du temps; emporter les données concernant un objectif A1 chaque fois que je quitte mon bureau.
24. Utiliser les capacités de mon personnel pour m'aider à mener à bien mes objectifs vitaux.
25. Ne pas ajourner la réalisation des projets vitaux.
26. Fixer des dates limites de remise des travaux, chaque fois qu'il s'agit de travaux d'importance majeure.
27. Toujours laisser des blancs dans mon emploi du temps de la journée, afin de pouvoir y insérer des événements imprévus.
28. Prévoir toutes les interruptions dont j'aurai à souffrir.
29. Faire en sorte que ces interruptions n'aient pas lieu pendant les périodes de temps consacrées à la réalisation d'objectifs vitaux.
30. Mémoriser les cinq questions nécessaires au classement de mes objectifs par ordre de priorité, et les utiliser pour abréger les interruptions impromptues.
31. Utiliser le Registre d'Efficacité pour déterminer quels sont les facteurs de perte de temps.
32. Me servir du Registre d'Efficacité pour écourter les bavardages au bureau.
33. M'appuyer sur le Registre d'Efficacité pour déterminer quelles sont celles de mes habitudes que j'aurais tout avantage à modifier.
34. Dire non à toute requête non vitale.

35. Faire mon travail le mieux possible.
36. Développer mon esprit d'observation.
37. Accélérer le rythme de mes mouvements.
38. Toujours avoir un crayon à la main lorsque je réfléchis.
39. Toujours avoir un carnet et un stylo à portée de main. Si je peux sortir quelque chose d'intéressant de mes notes, le reporter immédiatement dans mon agenda.
40. Dicter mes lettres au magnétophone, plutôt que de les écrire à la main.
41. Mettre en place un programme de lecture systématique et hautement sélectif.
42. Doubler ma vitesse de lecture.
43. Limiter le temps passé devant la télévision aux programmes d'un intérêt majeur – s'il y en a.
44. Déterminer quels sont les moments où je perds mon énergie bêtement.
45. Suivre mes penchants et faire ce qui me plaît
46. Mettre en place un programme de travail équilibré.
47. Me souvenir périodiquement que je dois rester vigilant.
48. Réduire le nombre de moments où j'utilise une énergie intense.
49. Laisser provisoirement tomber un projet lorsque mon énergie baisse soudainement.
50. Dormir aussi longtemps que j'en ai besoin, mais pas davantage.
51. Me coucher tôt et me lever tôt.
52. Réduire mes temps de trajet journalier : déménager pour habiter plus près de mon travail, ou changer de lieu de travail et en choisir un plus près de ma maison.

53. Écourter les conversations téléphoniques qui n'en finissent pas.
54. Grouper les coups de fil dans ma liste d'objectifs quotidiens et les passer les uns après les autres.
55. Ne téléphoner que si je suis quasiment certain de joindre mon correspondant.
56. Lorsque je parle avec quelqu'un faire en sorte que le message que j'ai à communiquer passe.
57. Respecter les priorités vitales des autres.
58. Demander aux autres : « Que puis-je faire pour vous aider à mieux employer votre temps ? »
59. Lancer des lingots d'or aux autres.
60. Me lancer des lingots d'or.
61. Ne pas envoyer de sales briques aux autres.
62. Ne pas m'en envoyer.
63. Lorsque quelqu'un fait quelque chose qui me déplaît, utiliser le langage du « je » pour régler la situation.
64. Doubler le temps de préparation des réunions et réduire de moitié la durée de celles-ci.
65. Préparer soigneusement l'ordre du jour de chaque réunion, et l'écrire à la main.
66. Fixer l'heure du début et de la fin de chaque réunion.
67. Lors des réunions que je dirige, ne convier que les personnes dont la présence est indispensable.
68. Éviter de faire des réunions systématiques, et constater la différence.
69. Que tout le monde reste debout pendant les réunions.
70. Ne jamais énoncer en trois phrases ce qui est peut être dit en deux mots.
71. Faire des croquis et des diagrammes pour expliquer mes points de vue à mes visiteurs.

72. Établir des comparaisons lorsque j'explique quelque chose d'ardu à quelqu'un.
73. Arriver à l'heure aux réunions et aux rendez-vous.
74. Déterminer à quel moment j'interviens dans le programme de la réunion dirigée par quelqu'un d'autre, et œuvrer pour intervenir plus tôt ou ne pas intervenir du tout si possible – et donc échapper à la réunion.
75. Si j'ai le sentiment de perdre mon temps durant une réunion, lever la main et demander : « Puis-je encore apporter ma contribution à cette réunion ? »
76. Lorsqu'une réunion dure trop longtemps, la faire interrompre par quelqu'un à qui j'aurai demandé auparavant d'intervenir.
77. Lorsqu'une réunion s'éternise, ouvrir mon agenda et planifier quelques objectifs.
78. Faire venir des individus précis aux réunions, plutôt que de rassembler, in extremis, des collaborateurs au hasard.
79. Distribuer des mémos, chaque fois que cela peut m'éviter d'organiser une réunion.
80. Écourter les visites des personnes qui prennent racine dans mon bureau.
81. Lorsqu'un visiteur reste trop longtemps, faire en sorte que quelqu'un nous interrompe.
82. Organiser mon environnement de travail selon le système du management au bout des doigts.
83. Classer mes papiers en trois piles : A, B et C.
84. Ne rien laisser traîner d'inutile sur mon bureau.
85. Remplacer la corbeille « entrées » par un tiroir « entrées » et la corbeille « sorties » par un tiroir « sorties ».
86. N'avoir sur mon bureau que les papiers relatifs au projet que je suis en train de traiter.

87. Remplacer ma liste des « choses à faire aujourd'hui », par ma liste d'objectifs quotidiens, portée dans mon agenda.
88. Jeter tous les calendriers se trouvant dans mon bureau, excepté mon agenda.
89. Ne prendre les pense-bêtes en main qu'une seule fois.
90. Éliminer tous les petits papiers de la surface de mon bureau.
91. Faire le ménage sur mon bureau, chaque soir, avant de quitter mon travail.
92. Gagner le soutien de mon patron.
93. Apprendre à déléguer certaines tâches à mes collaborateurs, en utilisant les neuf étapes préconisées par le Système de Maîtrise du Temps.
94. Encourager la prise de décision au niveau le plus bas.
95. Augmenter mon temps libéré, en réduisant le nombre des requêtes sans importance, que les autres peuvent avoir à me faire.
96. Faire en sorte que mes subordonnés m'apportent des réponses au lieu de me créer des problèmes.
97. Me demander : « Quelles sont les tâches que j'accomplis moi-même et que je pourrais donner à faire à d'autres ? »
98. Me demander : « Que suis-je en train de faire en ce moment que je n'ai pas besoin de faire, et que personne d'autre n'aurait besoin de faire ? »
99. Accepter ce que je ne peux vraiment pas changer car c'est la vie.
100. En commençant à réaliser mes objectifs, appliquer les quatre règles de William James pour modifier ses habitudes (voir chapitre 19).
101. Tout en m'efforçant de réaliser mes objectifs, ne

jamais négliger l'importance de la foi dans la réussite.

Une fois que vous les aurez classés par ordre de priorité, inscrivez vos objectifs sur des feuilles d'objectifs de Maîtrise du Temps que vous conserverez dans les premières pages de votre agenda. Vous devriez y inscrire autant d'objectifs que vous pensez pouvoir en réaliser durant les prochaines semaines. Chaque jour, en établissant votre liste « action », intégrez-y deux ou trois objectifs de Maîtrise du Temps. Ne les classez pas par ordre de priorité – comme vous le faites pour les autres – inscrivez simplement l'abréviation MT à leur gauche. Tandis que vous réalisez vos objectifs au fil de votre liste, vous tomberez sur certains objectifs marqués MT, et vous saurez qu'il vous faut les mener à bien avant la fin de la journée. Les objectifs de maîtrise du temps sont les plus « prioritaires » de tous, parce qu'une fois que vous les avez réalisés, tout le reste se met en place.

19.

COMMENT METTRE EN PRATIQUE LE SYSTÈME DE MAÎTRISE DU TEMPS

Vous avez défini vos objectifs. Vous les avez classés par ordre de priorité. Mais maintenant, comment les réaliser? Voilà une question épineuse.

Il y a à peine un siècle, William James, connu comme étant le père de la psychologie moderne, proposa quatre manières de changer ses habitudes. Allez de l'avant; saisissez la première occasion qui se présente, pour accomplir vos nouvelles résolutions, conseilla-t-il. Réalisez vos objectifs en faisant preuve de la plus grande initiative possible. Poursuivez vos buts quotidiennement, sans jamais vous accorder une exception.

Les conseils de James concordent tout à fait avec les procédés préconisés dans le Système de Maîtrise du Temps. Prenons vos objectifs de Maîtrise du Temps A1, A2 et A3. Quelle est la première occasion qui vous est donnée de vous lancer dans leur réalisation? N'hésitez pas. Ne tergiversez pas. Agissez immédiatement. Créez un sentiment d'urgence suffisamment fort, pour que la réalisation de ces objectifs ne souffre aucun délai.

Vous avez créé un sentiment d'urgence autour de la réalisation de vos objectifs et vous êtes engagé à les mener à bien. Vous voilà sur la bonne voie. Tandis que vous entreprenez de réaliser vos projets, faites-en part à votre proche entourage. Dites à votre patron qu'à partir de maintenant, vous prendrez régulièrement des notes dans votre agenda, et que cela vous permettra de satisfaire au mieux les exigences de productivité de l'entreprise. Que votre épouse connaisse également vos objectifs et vos principes unificateurs. Vous devriez planifier vos projets avec elle et vos proches. Si les gens de votre entourage ont une image claire de vos objectifs, ils auront tendance à vous soutenir dans leur réalisation.

Poursuivez vos buts quotidiennement. Engagez-vous à consacrer, chaque matin, et cela jusqu'à la fin de votre vie, un moment à la planification de vos objectifs. Faites-vous la promesse d'utiliser votre agenda et d'appliquer le Système de Maîtrise du Temps dans la réalisation de vos objectifs.

Ne vous accordez jamais la moindre exception. Je vous ai dit que j'avais pris l'engagement, en 1975, de planifier mes objectifs tous les matins. Et j'en ai conclu que si je n'avais qu'un seul objectif ce serait celui-là, parce qu'il me permettrait de réaliser tous les autres. Vous pouvez faire de même. Pendant ces quinze ou trente minutes de solitude quotidienne, vous devez affronter la réalité, et savoir qui vous êtes, sans fard. Admettons que vous n'ayez pas encore réalisé un seul de vos objectifs, ou qu'il y ait disharmonie entre l'un de vos actes et l'une de vos valeurs. Ne vous blâmez pas. Ne vous reprochez pas votre échec. Ne vous lancez pas de sales briques. Acceptez-vous simplement tel que vous êtes, et prenez conscience de votre formidable capacité à changer et à réussir.

La foi est la clé de l'efficacité. Elle vous apporte l'assurance qu'un objectif sera réalisé. Le fait de vous croire capable de les mener à bien vous permet de rester focalisé sur vos objectifs vitaux. Et il faut croire dans la réussite de vos projets, pour pouvoir les mener à terme. Si vous êtes suffisamment sûr de vous, alors vous pouvez réaliser vos objectifs, et vous le ferez.

Pouvez-vous mener à bien tous les objectifs que vous vous êtes engagé à réaliser? Certainement pas! Vous ne mènerez à terme que les projets que vous avez la certitude de pouvoir réaliser. Nous avons tous un passé, un présent et un avenir. Certes, nous pouvons être rassurés quant à notre capacité d'avoir pu contrôler des événements – les événements passés. Mais seule la foi nous permet de penser que nous saurons contrôler les événements futurs. J'ai la certitude de pouvoir changer la vie des autres grâce à ce livre et à mes séminaires sur la Maîtrise du Temps. Des sessions d'études complémentaires, des lettres et d'autres preuves que mon système a marché dans le passé, soutiennent cette certitude. Réaliser des objectifs dans le présent vous apporte l'assurance que vous en réaliserez tout aussi bien dans l'avenir. Le caractère évident d'une réussite en entraîne de nouvelles. Pour vous, l'efficacité de la foi ne doit faire aucun doute. Considérez-la comme une évidence. Il existe quatre procédés pour y parvenir. Appliquez-les chaque matin, en faisant votre planification du jour.

Premièrement, pensez à celles de vos réussites passées qui peuvent vous donner confiance dans votre capacité à réaliser vos objectifs présents. Dans son livre *Une stratégie pour bien vivre au quotidien,* Ari Kiev écrit : « Une vie réussie est une succession de jours réussis. » L'évidence d'une réussite aujourd'hui crée l'évidence d'une réussite demain. Et l'évidence d'une réussite de demain crée l'évidence de réussites futures. Nos succès passés nous permettent de croire en nos succès à venir.

Deuxièmement, imaginez-vous en train de franchir les différentes étapes qui vous mèneront à la réalisation de votre

objectif. La pensée génère l'action. L'autodiscipline n'a rien de magique. Il devient possible de s'autodiscipliner lorsque l'on planifie ses objectifs. Certains théoriciens pensent qu'il est bon de formuler vos objectifs comme si vous les aviez déjà réalisés. Par exemple : « Je suis le meilleur vendeur de mon entreprise. » Mais étant donné que vous n'êtes pas encore le meilleur vendeur de votre entreprise, une telle image de vous-même peut s'avérer dangereuse et vous entraîner loin de la réalité. Or vous avez besoin d'avoir une image réaliste de vous-même, de savoir qui vous êtes et où vous en êtes. Mais pour vous assurer de la réussite de votre projet, je vous suggère de formuler votre objectif comme suit : « A telle date, je serai le vendeur le plus efficace de mon entreprise. »

A présent, visualisez-vous en train d'atteindre votre but. Imaginez l'avenir. Chaque matin, durant votre période de planification, imaginez-vous en train de franchir les différentes étapes qui vous mèneront à la réalisation de votre objectif. Imaginez les lieux, les bruits, les sensations. Lancez-vous des lingots d'or pour vous encourager.

Dans son ouvrage *Psychocybernétique,* Maxwell Maltz écrit : « A partir du moment où vous vivez intensément une expérience en imagination, celle-ci est enregistrée dans votre cerveau comme une expérience réelle. » Je vais vous conter une anecdote qui illustre cette idée. Le ski est l'un de mes passe-temps favoris. Je skie depuis plus de quarante ans. Ma femme Nola et moi skions ensemble depuis l'époque où nous avons commencé à sortir ensemble. Lorsque nous nous sommes mariés, il y a plus de trente ans, nous avons décidé que nos enfants skieraient également. Chris, notre fille aînée, et Mark, notre fils, ont commencé à l'âge de huit ans. Mais notre fille cadette, Janice, insista pour apprendre à skier alors qu'elle n'avait que six ans.

Un soir, elle me demanda : « Papa, pourquoi dois-je

rester à la maison avec une baby-sitter, pendant que vous autres allez vous amuser ? »

J'en parlai à Nola, et ensemble, nous décidâmes que Janice ferait un essai. Je lui louai un équipement. Puis la veille du jour où nous devions partir pour la montagne, je lui fis mettre sa tenue de ski, ses gants, et je lui enseignai tout ce que je pensais lui être utile pour nous suivre, nous skieurs avancés. Nola et moi répétâmes avec elle les gestes techniques, jusqu'au moment où nous fûmes persuadés qu'elle avait parfaitement compris ce qu'elle devrait faire une fois sur les pistes. Imaginer aussi intensément que possible le fait de skier, c'était s'imaginer quelles sensations l'on éprouvait – plaisir lié à l'augmentation de la vitesse, impression de se sentir en pleine forme. Imaginer quelles étaient ces sensations représenta une part importante de sa formation en accéléré.

Une fois la leçon terminée, nous avons quitté la pièce. Une demi-heure plus tard, je revins au salon et vis ma petite Janice, assise sur le sofa, en train de fixer le mur.

– Que fais-tu, Janice ? m'enquis-je.

– Je skie, Papa, répondit-elle.

A vrai dire, elle était en train d'imaginer l'événement, et celui-ci était enregistré par son cerveau, comme une expérience vécue. Dans sa tête, Janice répétait tous les mouvements qui lui seraient utiles pour skier.

Le lendemain matin, nous arrivâmes tous les cinq les premiers sur les pistes. Je regardai Janice et lui dis :

– La plus petite d'abord.

– Super ! s'exclama-t-elle, puis elle s'élança.

C'était parfait. Mais elle ne savait skier que droit devant elle, bien entendu. Aussi avait-elle un problème, car elle descendait tout schuss et prenait constamment de la vitesse en se laissant glisser le long de la piste. Nola était dans tous ses états.

– Charles, va vite la rattraper. Elle va se tuer !

Je m'élançai à mon tour et arrivai finalement à sa hauteur. Je la dépassai, puis lui dis, par-dessus mon épaule :

– Jan, souviens-toi de ce que tu as appris hier soir. Tourne.

Elle acquiesça d'un hochement de tête, et quelques secondes plus tard, elle effectua un virage magnifique, les skis parfaitement parallèles l'un à l'autre. Puis elle s'arrêta, leva les yeux vers le haut de la colline et fit un signe de la main au reste de la famille.

Sa sœur, Chris, fut la première à arriver à sa hauteur.

– Janice, lui dit-elle, tu as été fantastique. Je n'ai jamais rien vu d'aussi génial de ma vie.

– Tu le penses vraiment ? demanda Janice, acceptant de bon cœur le lingot d'or de Chris.

Puis Mark arriva.

– Janice, tu as été formidable. J'étais sûr que tu allais tomber.

Voilà ce que l'on pourrait appeler un compliment néfaste – un lingot d'or lancé consciemment et une sale brique jetée sans intention de nuire.

Janice skia encore quelques mètres. Puis elle tomba. La prophétie s'était finalement accomplie. Puis elle fit encore plusieurs essais, échoua à chaque fois, fut trempée, eut froid, et voulut rentrer à la maison.

Des centaines de livres traitent des techniques de visualisation. Si on l'utilise bien en planifiant nos objectifs, la visualisation peut nous aider à atteindre nos buts. Tous nos buts, quels qu'ils soient.

Maltz prétend que si pendant quinze minutes par jour, vous vous imaginez adoptant un nouveau comportement, vous commencerez à obtenir des résultats au bout de vingt et un jours. J'ignore si ce procédé est réellement efficace. Je pense que son efficacité dépend grandement de l'objectif que vous désirez atteindre, et du nouveau comportement que vous désirez adopter, aussi bien que de votre capacité à vous imaginer intensément ou non, dans telle ou telle situation. Néanmoins, je suis d'accord avec lui sur un point : visualiser peut vous être utile, à condition que vous le fassiez chaque jour.

Troisièmement, identifiez-vous à quelque brillant individu. Les enfants de trois ans imitent les gestes de leurs parents. Les adolescents singent les idoles du rock and roll. A l'âge adulte, nous observons constamment certaines personnes que nous prenons pour modèles et copions leurs attitudes. Pourquoi ne pas rechercher systématiquement des modèles idéaux et les utiliser pour nous persuader de notre capacité à réaliser nos objectifs ? Choisissez-vous pour modèles des individus qui ont surpassé tous les autres dans le domaine qui vous intéresse. Ce sont des géants. Recherchez les géants, puis, avec tout le respect qui leur est dû, juchez-vous sur leurs épaules et dites-vous : « Si cet être d'exception a pu faire ceci, peut-être puis-je y parvenir également. » Veillez à ne choisir que les meilleurs. Si vous n'avez pas la possibilité de les rencontrer personnellement, lisez leur biographie. Tandis que, solitaire, vous planifiez vos objectifs, imaginez comment votre modèle aurait agi à votre place. Cela ne veut pas dire que vous devez devenir une copie conforme de cette personne. Je vous l'ai dit, et je vous le répète, vous devez rester vous-même. Mais dans des domaines bien particuliers, votre modèle vous apportera les outils essentiels à la réalisation de vos désirs.

Quatrièmement, appuyez-vous sur ce pouvoir qui vous dépasse. Les êtres humains ont toujours reconnu qu'il existait un pouvoir plus grand qu'eux. Selon leur culture, leur nationalité, leur religion, les individus se représentent ce pouvoir de différentes façons. Mais sa présence est sensible à travers tout l'univers. Les gens lui donnent plusieurs noms – Dieu, Allah, le Grand Esprit, ou encore : les lois de la nature. Chacun d'entre nous cherche à comprendre ce pouvoir, qui doit vous encourager à avoir la foi en votre capacité à bien gérer votre temps.

ANNEXE 1

LES PRINCIPES UNIFICATEURS DES INDIVIDUS

Durant les dix dernières années, les participants à mes séminaires m'ont souvent demandé de leur donner des exemples de principes unificateurs. Ils étaient impatients de formuler les leurs, pleins de bonne volonté, mais ils ressentaient le besoin qu'on les aide à démarrer. Les principes unificateurs qui suivent sont représentatifs des convictions d'individus qui appliquent quotidiennement le Système de Maîtrise du Temps. Les individus qui les ont rédigés sont des gens qui respectent scrupuleusement leurs valeurs. Des gens qui font tout pour que leurs actions soient en harmonie avec leurs principes unificateurs, et qui utilisent ceux-ci comme référence en planifiant leurs objectifs et comme guide dans leur vie. Afin de vous donner un échantillonnage très large de valeurs possibles, je vous soumets ici les principes unificateurs d'un chrétien, d'un juif, d'un bouddhiste et d'un humaniste. Ce qu'ils ont écrit n'est pas forcément significatif des croyances de leurs religions ou philosophies respectives. Il s'agit plutôt des valeurs systématiquement définies et choisies par des individus qui se considèrent comme adhérant à l'essence de leur religion.

LES PRINCIPES UNIFICATEURS D'UN CHRÉTIEN

1. Aimer Dieu avec son cœur, son âme et son esprit. Établir une relation privilégiée avec le Seigneur. Prier souvent pour renforcer sa foi. Irradier la lumière du Christ.

2. Aimer son prochain comme soi-même. Tout d'abord sa femme. Puis ses enfants. Puis tous les membres de sa famille et ses amis. Enfin tous les êtres. Attirer la bienveillance des autres, en les servant avec une infinie compassion, avec respect, patience, gentillesse, en ne se montrant jamais égoïste et en sachant éprouver de la pitié. Respecter l'amour-propre des autres, de même que l'on voudrait qu'ils respectent le sien, mais ne récompenser jamais un comportement que l'on n'approuve pas. Veiller, dans la mesure de ses possibilités, à ce que la justice soit correctement administrée autour de soi. Pardonner à celui qui est sincèrement repentant.

Aider ceux qui, par manque de clairvoyance, pourraient vous considérer comme leur ennemi. Ne pas critiquer un individu, ni ses croyances, dans la mesure où il ne porte pas préjudice aux autres. Ne pas juger les autres sans disposer des éléments nécessaires à son jugement. Faire en sorte que les gens qui vous entourent se sentent importants. Aider les autres à se réconcilier. Être indulgent. Ne jamais dénier à quiconque le droit de penser ce qu'il veut ou d'agir comme il veut, tant qu'il ne viole pas les droits des autres. Rendre service au plus grand nombre de gens possibles, de la manière la plus efficace possible.

3. S'aimer soi-même. Ne rien faire qui pourrait blesser son amour-propre. Conserver toujours une attitude positive envers soi-même et les autres.

4. Avoir foi en Dieu, en soi-même, en les autres.

5. Être humble. Se libérer de la vantardise, de l'arrogance, de l'égoïsme. Être toujours prêt à apprendre. Rester bien connecté avec la réalité, avoir conscience de ce que l'on est vraiment.

6. Que l'acquisition de biens matériels ne soit qu'une priorité secondaire, en regard de la recherche spirituelle. N'accumuler des richesses que pour faire le bien autour de soi. Et si l'on possède peu, donner ce que l'on peut à quelqu'un qui en a réellement besoin. Ne pas convoiter les richesses des autres.

7. Ne pas commettre l'adultère.

8. Conserver son indépendance d'esprit. S'accrocher fermement à ses convictions, lorsque l'on sait, au fond de soi-même, que l'on a raison. Après tout, il n'y a rien de plus sacré que de rester intègre vis-à-vis de soi-même. Agir selon ses propres convictions, et non en fonction de ce que pensent les autres. S'ils vous reprochent votre anticonformisme, n'en avoir cure. Et s'il le faut, rester seul contre tous.

« Un homme ne sera fort et en situation dominante, que lorsqu'il aura abandonné toute aide extérieure et qu'il se confrontera à lui-même, avec pour seule compagnie, son dieu. » (Emerson, *Indépendance*.)

Faire confiance aux enseignements divins, et ne pas se laisser influencer par les autres.

9. Être un mari et un père exceptionnels. Créer une unité très forte au sein de sa famille. Aimer sa femme, la respecter, être bon avec elle et conserver, au fil des années, d'excellentes relations à la fois physiques et spirituelles avec elle. Lui consacrer du temps, ainsi qu'à ses enfants. Les aider à développer leurs talents.

10. Honorer ses père et mère. Adhérer aux idéaux qu'ils vous ont enseignés.

11. Vivre simplement, en s'engageant à faire le mieux possible. Éviter de dépenser de l'argent inconsidérément et d'avoir des comportements ostentatoires. Chercher plutôt à exceller dans le domaine que l'on aura choisi, et à acquérir un parfait contrôle des événements.

12. Progresser intellectuellement. Faire travailler son esprit en lisant beaucoup, en faisant des recherches sur divers sujets, en réfléchissant.

13. Ne pas commettre de meurtre. Respecter toute forme de vie. Aider tout individu à s'épanouir, dans la mesure de ses possibilités.

14. Ne pas se montrer désagréable avec les autres. S'efforcer de rester d'humeur égale. Être patient avec les autres.

15. Être honnête dans ses sentiments, ses pensées, ses actions. Se libérer de toute forme d'hypocrisie. Veiller à ce que toutes les affaires que l'on traite soient d'une honnêteté au-dessus de tout soupçon.

16. Employer un langage raffiné. Éviter toutes les expressions vulgaires. Ne pas jurer, employer un langage simple, précis. Être persuasif.

17. S'engager à réaliser des objectifs de valeur. Baser tous ses objectifs sur ses principes unificateurs. « Je me suis fixé une direction. Je n'hésiterai pas. Je ne dévierai pas. Je ne capitulerai pas. Et l'on m'entendra. » (Abraham Lincoln.) Quoi que l'on ait décidé d'accomplir, y mettre toute son énergie, et ne pas faiblir, jusqu'à l'heure de la réussite. Suivre son étoile, résolument. Ne jamais abandonner, sous aucun prétexte.

18. Respecter les conseils des prophètes. Étudier les paroles des prophètes, essayer de les comprendre et de vivre en accord avec elles.

19. Rester en bonne santé. Manger sainement, dormir suffisamment et faire régulièrement de l'exercice. Éviter l'introspection stérile et finalement négative.

20. Étudier la vie des grands hommes et les prendre pour modèles.

21. Avoir un budget équilibré. Éviter d'avoir des dettes. Payer ses factures à la date ou avant la date d'exigibilité. Économiser tout ce que l'on peut sur ses gains, et l'investir.

22. Appliquer au mieux les procédés de maîtrise du temps. Faire les choses qu'il faut faire au moment où il le faut, que cela plaise ou non. Ne négliger aucun détail. Tirer le bénéfice maximum de la mise en place du Système de Maîtrise du Temps.

23. Avoir un jugement sûr. Que ses décisions soient basées sur des faits, sur un raisonnement objectif, sur ses valeurs et sur son intuition divine.

24. Faire en sorte d'avoir une personnalité charismatique. Avoir un sourire radieux, une étincelle mystique dans ses yeux, un chaleureux sens de l'humour. Rester toujours en éveil.

25. Être un chef dans le vrai sens du terme. Un leader est un être qui a atteint à l'harmonie. Il montre la bonne voie en s'y engageant le premier. Ceux qui le suivent le font de leur plein gré. Il guide les autres vers des objectifs clairement définis, fait la démonstration de la meilleure méthode pour les atteindre et y parvient.

26. Consacrer chaque jour un moment à la planification de ses objectifs. Le faire quotidiennement, dans la solitude et s'engager à le faire jusqu'à la fin de sa vie.

LES PRINCIPES UNIFICATEURS D'UN JUIF

1. Progresser spirituellement. Prier, et étudier les textes juifs régulièrement. Servir Dieu, dans toutes ses actions.

2. Accorder une grande importance à la vie de famille. Consacrer suffisamment de temps à sa femme et avoir avec elle une relation privilégiée faite d'amour physique, spirituel, et d'amitié. Partager sa vie avec elle. Rester patient lorsqu'elle ne veut pas faire les choses à votre manière ou lorsqu'elle fait quelque chose qui irrite. Converser gentiment avec elle chaque jour. Prendre le temps d'avoir au moins un dialogue sérieux par semaine. La respecter comme une personne merveilleuse, chaleureuse et sensible, qui a choisi de passer sa vie avec vous. Avoir au moins une activité récréative avec elle par semaine.

3. Consacrer du temps à son fils.

4. Honorer Shabbat.

5. Ne pas être trop dur avec soi-même. Accepter les critiques avec le sourire, mais conserver une bonne opinion de soi-même.

6. Être honnête. Agir toujours en fonction de ses valeurs, et dans la pleine conscience que Dieu vous regarde. Se libérer de l'hypocrisie et inciter les autres à faire de même.

7. Demeurer humble en toutes circonstances. Les autres ont toujours quelque chose à vous apprendre, et même si l'on décide de ne pas adopter leurs idées, essayer au moins de comprendre pourquoi ils agissent différemment de soi. Fermer les yeux sur les critiques gratuites, et tenter de s'améliorer si une critique est justifiée.

8. Organiser son temps.

9. Développer ses aptitudes professionnelles. Étudier au moins une heure quotidiennement, le plus tôt possible dans la journée, afin d'avoir l'esprit clair et frais.

10. Acquérir des connaissances. Passer au moins une heure par jour à lire des ouvrages qui traitent de sujets sans rapport direct avec son domaine professionnel. S'ouvrir sans cesse de nouveaux horizons.

11. Faire preuve d'efficacité dans tous ses actes.

12. Viser la perfection. Essayer de faire toujours mieux. Ne pas hésiter à changer ses manières d'agir si celles-ci empêchent de progresser. Étudier l'exemple de ceux qui ont atteint la perfection dans leur vie.

13. Être un leader.

14. Être en bonne santé.

15. Méditer quotidiennement. Une pratique régulière de la méditation est bonne pour le corps, l'âme et l'esprit.

LES PRINCIPES UNIFICATEURS D'UN BOUDDHISTE

1. Honorer ses parents.

2. Progresser spirituellement. A travers la pratique de la méditation, apprendre à se libérer de la cupidité, de la colère, de la passion aveugle, de l'énervement, de la haine, de la luxure et du désir égoïste de devenir riche et célèbre. Le but ultime est d'atteindre à la pureté, de voir son esprit libéré de tous les vices, d'être détaché de tout.

3. Méditer.

4. Prier en silence aussi souvent que possible.

5. Améliorer son caractère, surveiller sa conduite. Éviter d'avoir des pensées négatives, des paroles offensantes.

6. Être végétarien. Ne manger ni viande ni poisson.

7. Être patient. Savoir que sa quête spirituelle sera longue et difficile.

8. Ne pas juger les autres.

9. Être ponctuel. Être toujours ponctuel. Respecter toutes ses promesses.

10. Être loyal envers son employeur.

LES PRINCIPES UNIFICATEURS D'UN HUMANISTE

1. Être réaliste. S'immerger dans la vraie vie et y participer. Rester vigilant et être attentif à ce qui se passe, et donc toujours bien informé. Rechercher des informations sur les questions qui vous intéressent. Au besoin, faire appel à des experts.

2. Être un individu autonome. Essayer d'agir selon ses propres idées. Ne pas se conformer aux points de vue largement répandus. Être celui qui apporte des idées nouvelles, et non celui qui répond passivement aux autres. Se considérer comme l'égal des autres et non comme leur inférieur. Être conscient de sa propre valeur, savoir quels sont ses objectifs et idées, et vivre en harmonie avec ceux-ci. Mais être suffisamment prévenant avec les autres, afin d'avoir de bonnes relations avec eux.

3. S'intéresser à la vérité et au savoir. S'informer à toutes les sources où vous pourrez puiser.

4. Avoir du respect et de la compassion pour les autres et pour l'humanité.

5. Être efficace. Faire les bons choix, se fixer des objectifs valables. Vivre dans la réalité et se conduire comme un être responsable. Gérer correctement son temps. Entretenir des relations constructives avec les autres.

6. Conserver son amour-propre. S'opposer à toute tentative visant à minimiser son amour-propre. Se considérer comme l'égal des autres. Éviter de se dévaloriser. Avoir des activités et des relations qui renforcent son amour-propre. Rechercher les situations valorisantes. Ne pas considérer ses propres limites comme la preuve que l'on a moins de valeur que les autres.

7. Avoir une intimité et des relations de qualité avec les gens que l'on aime.

8. Chercher toujours à s'améliorer professionnellement. Que le travail soit l'une des choses qui compte le plus. Lire des articles et des livres qui se rapportent à son domaine d'activité. Participer à des séminaires, assister à des conférences qui permettront de parfaire ses compétences. Discuter des changements et améliorations possibles avec vos collègues. Tenter d'apporter quelque chose de nouveau dans son domaine d'activité, en mettant à profit toutes les pensées originales qui traversent son esprit. Essayer d'écrire des articles et des livres.

9. Être sensible et à l'écoute dans ses relations avec les autres.

10. Accorder de la valeur à ses amitiés, et les entretenir.

11. Être un ferme supporter de la démocratie et du maintien des droits de l'homme.

12. S'intéresser aux arts et savoir apprécier les belles choses. Être au courant de ce qui se passe dans le domaine des arts. Lire, écouter de la musique, aller au théâtre, au musée. Assister à des concerts. Avoir des amis qui s'intéressent aussi à l'art.

13. Être un partisan de l'avancement de la civilisation. Participer au développement des différents mouvements qui œuvrent à installer la démocratie, l'éducation, les droits de l'homme, la santé publique, les Sciences et les Arts comme des valeurs fondamentales dans nos sociétés avancées et dans les autres.

14. Avoir une éthique. Être juste et honnête dans ses relations avec les autres. Être un individu sur lequel on peut compter.

15. Ne pas refouler ses sentiments. Avoir clairement conscience de l'importance de ses sentiments. Qu'ils soient le plus souvent possible à la base de ses actions. Éviter d'avoir une approche trop cérébrale des choses.

16. Rester en bonne santé.

17. Être toujours prêt au changement. Ne pas s'accrocher à de vieilles habitudes. Demeurer ouvert aux innovations dans tous les domaines. Éventuellement, progresser grâce à elles. Essayer de rester créatif. S'informer, encore et toujours.

18. Être sociable. Participer aux diverses activités de la communauté dans laquelle l'on vit. Se considérer comme une partie d'un tout, mais préserver son individualité. Ne pas rester isolé. Contribuer à l'avancement de sa communauté et de la société.

19. Se fixer des objectifs à long et moyen terme, puis les réaliser.

20. Gérer son temps efficacement. Maîtriser le temps, c'est maîtriser son existence, considérer le temps comme un paramètre essentiel dans toute activité.

21. Planifier les événements à venir. En faire une habitude. S'accorder le temps nécessaire pour cela. Éviter de tout remettre au lendemain.

22. Essayer de comprendre la signification sous-jacente des événements. Certains événements seront des occasions formidables de faire ceci, ou cela. Pour réussir à saisir ces opportunités, il faut agir au bon moment, se fixer des objectifs précis et les réaliser en temps et en heure.

23. Gérer correctement son argent. Essayer d'avoir des revenus corrects. Faire des dépenses intelligentes. Savoir combien l'on dépense d'argent, et pourquoi. Avoir conscience du coût des choses, et ne pas vivre au-dessus de ses moyens. Essayer de faire quelques économies, dans lesquelles l'on pourra puiser en cas de besoin imprévu. Si possible, avoir un plan d'investissement. Être propriétaire de sa maison. Avoir un plan de financement de sa retraite.

24. Se réserver des moments de détente, et avoir des activités récréatives. Seul, ou avec d'autres. Ces moments ont une grande importance. Le fait de se distraire permet de mieux assumer ses responsabilités.

ANNEXE 2

LES PRINCIPES UNIFICATEURS DANS L'ENTREPRISE

Des cinq cents entreprises citées par le magazine *Fortune* comme les mieux gérées des États-Unis, la première avec laquelle j'ai travaillé en tant que consultant, en gestion du temps, est Hewlett Packard. Depuis 1976, j'ai formé personnellement des centaines de responsables de départements chez Hewlett Packard. Et parmi eux rares sont ceux qui se sont plaints de leur entreprise.

Pourquoi?

Parce que Bill Hewlett et Dave Packard ont défini les principes unificateurs de leur société dès qu'ils l'ont créée. La compagnie est gérée selon ces principes. Les employés essaient de se conformer à l'esprit de ces principes. De temps à autre, Hewlett Packard reformule ou redéfinit certains de ses principes unificateurs. Mais la première fois que je rentrai en contact avec les dirigeants de cette entreprise, leurs principes unificateurs étaient les suivants :

1. Croire en autrui.
2. Acquérir un plus grand amour-propre.
3. Encourager le sens de la réussite.
4. S'aider les uns les autres.
5. Pouvoir communiquer librement.

6. Se réserver le droit à l'erreur.
7. Promouvoir la formation continue.
8. Offrir la sécurité de l'emploi.
9. Prendre toutes les assurances.
10. Manager par objectifs.

T.J. Watson, le fondateur de la société IBM, cite les trois principes unificateurs de cette société :

1. Respecter l'individu.
2. Offrir des services de qualité à ses clients.
3. S'engager à faire le mieux possible.

Dans son livre *A Business and Its Beliefs*, Watson écrit :

> Je crois fermement que toute entreprise qui veut survivre et avoir du succès doit baser toutes ses lignes d'action sur un ensemble de convictions solides. En outre, je suis persuadé que le facteur le plus important de la réussite commerciale est l'adhésion totale à ces convictions. En dernier lieu, je crois que toute entreprise, confrontée au défi d'un monde qui change, doit se préparer elle-même à changer, et dans tous les domaines, sauf dans celui des valeurs de base qu'elle a définies.

Il y a plus d'un siècle – durant l'hiver 1879-1880 – George Eastman, définit quatre principes unificateurs pour sa compagnie :

1. Produire mécaniquement en grandes quantités.
2. Maintenir des prix très bas.
3. Développer la distribution des produits à l'intérieur du pays, aussi bien que l'exportation.
4. Développer publicité et ventes promotionnelles.

Certes pas aussi moralistes que ceux de Hewlett Packard et d'IBM, ces principes n'en demeurent pas moins essentiels dans la gestion de la société Eastman Kodak.

Ma propre entreprise, la « Charles R. Hobbs Corporation » – consultants en gestion du temps –, a ses principes unificateurs. Lors des toutes premières années de son existence, – il n'y avait encore qu'un ou deux employés – mes valeurs personnelles servaient de base à toutes mes décisions dans l'entreprise. Lorsque celle-ci a grandi, mes employés et moi-même avons défini un ensemble de principes unificateurs de l'entreprise. C'était en 1979. Depuis, nous nous réunissons périodiquement pour reformuler et redéfinir ces valeurs. J'ai demandé à tous mes employés de conserver la liste de ces principes dans leur agenda et de les relire à intervalles réguliers.

1. Vivre en accord avec les principes unificateurs de l'entreprise. Conserver la plus haute intégrité dans ses relations avec les clients de l'entreprise, les membres du personnel, leur famille, en vivant en harmonie avec ses valeurs personnelles et les principes unificateurs de l'entreprise.

2. Encourager la loyauté au sein de l'entreprise. Se montrer loyal envers ses dirigeants, ses collègues, et ne jamais perdre de vue la mission de son entreprise. Ne jamais révéler les secrets de l'entreprise.

3. Se forger un solide amour-propre, et aider les autres à faire de même.

4. Viser la perfection. Donner à son entreprise une image de haut professionnalisme. Ne jamais sacrifier la qualité au profit d'un chiffre d'affaires plus élevé. Être meilleur et différent. Offrir des services de qualité à ses clients.

5. Toujours avoir une meilleure place sur le marché. Toucher le maximum de gens de la manière la plus efficace possible. Saisir continuellement de nouvelles opportunités. Grâce à un marketing créatif et agressif, essayer d'obtenir, puis de garder comme clients les entreprises les meilleures. Avoir le maximum de clients dans le pays et à l'étranger.

6. Bien gérer son temps. Appliquer le Système de Maîtrise du Temps.

7. Faire participer le personnel à la gestion de l'entreprise. Faire confiance à ses employés : chacun est unique et capable d'apporter son concours à la réalisation de différents objectifs. Encourager le travail en équipe et ne pas hésiter à confier des responsabilités à son personnel. Créer le plus agréable possible des environnements de travail.

8. Garder une possibilité de contrôle sur les différents départements. Que le patron puisse s'assurer de la qualité des services des différents départements de son entreprise. Ne pas se développer plus vite qu'on ne peut se le permettre.

9. Parfaire sa culture et ses compétences. Rechercher toutes les occasions d'élargir ses connaissances, de parfaire ses compétences et celles de ses collègues.

Afin de disposer d'une politique d'action cohérente, toute entreprise devrait voir ses principes unificateurs définis au plus haut niveau, puis transmis à tout son personnel. Il serait préférable que cela fût fait le plus tôt possible après la création d'une entreprise, bien qu'il ne soit jamais trop tard pour mettre en pratique un système de valeurs. Ces valeurs devraient être l'image de vérités si profondes, que les renier reviendrait à profaner le respect dû à la mère.

Les principes unificateurs d'une entreprise ne devraient pas être trop élaborés. Leur mise en place devient en effet difficile, voire impossible, s'ils sont nombreux et compliqués. La simplicité des principes unificateurs de Hewlett Packard, IBM et Eastman Kodak fut la meilleure garante de leur efficacité et de leur pérennité.

Une entreprise dont les dirigeants consacrent du temps à définir, planifier, puis mettre en place des principes unificateurs, pour ensuite les faire circuler à travers toute la hiérarchie du personnel, fera l'expérience de l'harmonie. Tous les employés font un effort dans le même sens, dès l'instant où ils ont clairement conscience que leurs dirigeants sont réellement capables et motivés. Plus il y aura d'employés qui se sentiront concernés par les valeurs de l'entreprise, et plus ces valeurs seront respectées et mises en pratique.

L'OUTIL-SYSTÈME TIME MANAGER
Efficacité personnelle ou gestion collective du temps

On sait que l'outil-système TIME MANAGER fait gagner facilement 1 heure par jour, 500 000 cadres l'expérimentent dans une trentaine de pays. On sait que le taux d'utilisation de l'outil-système Time Manager est très important, plus de 7 stagiaires sur 10 l'utilisent de façon durable. Dans la plupart des cas, ces résultats sont obtenus individuellement dans des environnements professionnels qui ne sont pas toujours très favorables à l'efficacité personnelle. L'un des atouts des utilisateurs tient dans la distinction entre les domaines clés d'une part (quoi faire) et la planification d'autre part (quand le faire).

Les domaines clés base d'une organisation d'équipe

Ventiler toute son action professionnelle et privée en 9 domaines clés, c'est donner une définition personnelle des branches principales de son action. Décliner chaque domaine clé en tâches et activités, c'est le traduire en objectifs concrets et planifiables, réalisables. C'est aussi constituer la **base de décision.** Dans une utilisation individuelle, la construction de la base se fait par réflexion personnelle.

En travail d'équipe, les domaines clés professionnels peuvent se coordonner en réunion. Chacun connaît les axes prioritaires de ses collègues, les tâches, activités, objectifs, tels qu'ils les définissent eux-mêmes. Par ailleurs, la détermination des domaines clés peut aussi être le fruit de l'entretien d'évaluation personnelle annuel. L'outil-système Time Manager devient par là un outil d'évaluation continue.

Le planning TIME MANAGER : un outil de coordination de l'équipe

Les objectifs définis dans les domaines clés se traduisent en planning. Ils tiennent compte du temps bloqué (vacances, week-end...), du temps programmé (salons, congrès, réunions...), du temps induit (préparation de salons, de réunions...). Établi en réunion de planning ou lors de l'entretien annuel d'évaluation, le planning individuel tient compte des objectifs des autres. Il donne à chacun la vue d'ensemble sur son activité et celle des autres collègues (collègues, collaborateurs, managers...).

L'outil-système TM est un bon outil de travail d'équipe.

• Il coordonne :
les domaines clés sont établis en commun.
• Il communique :
les plannings des uns peuvent aller dans les TM des autres. Les fiches circulent d'un classeur à un autre.
• Il permet le **suivi continu** des objectifs, des programmes, des performances.
• Outil de décision immédiate :
toutes les informations sont disponibles pour prendre un engagement, une décision immédiate (RV, délégation, tâche supplémentaire...).
• Flexible :
s'adapte à la culture et aux habitudes, procédures de l'équipe et de l'entreprise.

Contactez-nous : TMI-82, rue d'Hauteville – 75010 Paris
tél : 48-24-76-76

TABLE DES MATIÈRES

Autres titres publiés par First dans cette collection

BUSINESSMAN

Stéphanie Winston
ORGANISEZ VOTRE TRAVAIL
POUR MIEUX GAGNER

Gerard Nierenberg
TOUT NÉGOCIER POUR RÉUSSIR

Roger Van Oech
CRÉATIF DE CHOC

Gerard Nierenberg/Henry Calero
LISEZ DANS VOS ADVERSAIRES
À LIVRE OUVERT

Michael Doyle/David Straus
RÉUNIONS, MODE D'EMPLOI

Robert Kelley
LA GÉNÉRATION DE L'EXCELLENCE

Robert Ringer
RÉUSSIR PAR L'INTIMIDATION

Mitchell Deutsch
BANZAÏ!
LE DÉFI JAPONAIS

Reiner Selz
150 IDÉES LUCRATIVES
(nouvelle édition)

Olivier Protard/Pierre-Alain Szigeti
LE GUIDE DU SAVOIR-VIVRE
EN AFFAIRES

James Cook
DEVENEZ L'ENTREPRENEUR QUI GAGNE

Russell Miller
L'HISTOIRE EXCESSIVE DE PLAYBOY

Harmon/Jacobs
CES ENTREPRISES
QUI TIENNENT LA FORME

Patrick Turbot
AMERICA

Robert Heller
LES SUPERMANAGERS

Gerald C. Meyers
LES NEUF FLÉAUX
QUI MENACENT VOTRE ENTREPRISE

Robert B. Cialdini
INFLUENCE

Martin John Yate
COMMENT TROUVER UN EMPLOI
ET SE FAIRE EMBAUCHER

Herb Cohen
SACHEZ NÉGOCIER EN TOUTES OCCASIONS

Hawkins/Turla/Tavéra
TESTEZ VOTRE Q.I. D'ENTREPRENEUR/
TESTEZ VOTRE PROJET

Jeanne Courouble
MANAGEZ VOTRE SANTÉ

James Wagenvoord
SOIGNEZ VOTRE STYLE
ET SÉDUISEZ MÊME VOS ADVERSAIRES

Chase Revel
100 IDÉES POUR SE METTRE À SON COMPTE

Sondra Snowdon
LE GUIDE INTERNATIONAL
DU VOYAGE D'AFFAIRES

CET OUVRAGE A ÉTÉ COMPOSÉ
ET ACHEVÉ D'IMPRIMER
PAR L'IMPRIMERIE FLOCH À MAYENNE
POUR FIRST, INC.
EN JUIN 1989

N° d'édition : 39
N° d'impression : 28101
Dépôt légal : juin 1989

IMPRIMÉ EN FRANCE